스피노자의 거미

자연에서 배우는 민주주의

스피노자의 거미

자연에서 배우는 민주주의

박지형

이음

차례

부록 차례

그림 차례

프롤로그

탐험의 이유

이성이 잠들면 괴물이 깨어난다.

– 프란시스코 고야, 1799년 판화 제목

2016년 10월, 국정농단 사태에 연루된 한 대학 교수는 자신의 비리 의혹을 해명하는 자리에서 고야의 그림 제목을 인용했다.[1] 고 야의 그림 제목이 의혹을 해명하는 데 도움이 된 것 같지는 않지 만, 그 말은 어떤 장광설보다 이성이 잠들었던 한 시대의 풍경을 잘 포착했다.

비정상의 정상화를 표방했지만 스스로가 비정상의 극치를 보 여준 전 정권에서 "이성이 잠들면 괴물이 깨어난다"는 사실을 확 인시켜준 많은 일들이 일어났다. 비선실세라는 인물의 딸 때문에 내가 재직하고 있는 학교의 이름이 언론에 자주 오르내리는 동안, 바로 눈앞에서 벌어진 일인데도 이해할 수 없어 혼란스러웠다. 형언할 수 없는 슬픔의 감정에 휩싸여 지내던 어느 날, 인간 정신은 "더 큰 완전성으로 이행"하고자 슬픔을 피하고 기쁨을 지향하는 본성을 가지고 있다고 한 스피노자(Baruch de Spinoza, 1632~1677)의 말이 기억났다.[2] 책장 구석에서 먼지만 쌓여가던 질 들뢰즈(Gilles Deleuze)의 『스피노자의 철학』[3]을 다시 꺼내든 것은, 스피노자의 도움을 받아 내가 느끼는 슬픔의 원인을 밝혀보고 싶은 마음 때문이었는지도 모르겠다. 스피노자의 삶을 소개한 첫 장을 읽던 중 콜레루스(Johannes Colerus)가 쓴 전기에서 인용한 짧은 대목으로부터 눈을 뗄 수 없었다. 스피노자가 거미 관찰을 즐겼다는 아주 짧은 일화였다.

스피노자의 전기를 쓴 독일인 콜레루스는 스피노자가 사망한 지 16년이 되는 해에 헤이그의 루터교 목사로 부임했다. 스피노자가 세 들어 살던 집으로 이사온 콜레루스는 집주인을 포함하여 스피노자를 잘 알던 주변 사람들로부터 전해들은 얘기를 정리해서 1705년에 최초의 스피노자 전기를 출간했다. 『스피노자의 삶』이란 제목을 단 전기에는 거미를 관찰하던 스피노자의 말년 모습이 다음과 같이 기록되어 있다.[4]

그는 집에 머무는 동안 누구와도 문제를 일으키지 않았으며, 대부분의 시간을 자기 방에서 조용히 보냈다. 지나치게 철학적 사색에 몰두한 탓에 피곤해지면 아래층으로 내려와 휴식을 취하면서 그 집 사람들과 일상적인 얘깃거리나 아주 사소한 일에 대해 한담을 나누었다. 그는 또한 파이프 담배를 즐겨 피웠다. 좀 오랫동안 시간을 보낼 요량이면 거미를 찾아 서로 싸우게 하거나 파리를 거미줄에 던져 넣고는 싸움 구경이 너무 재미있어서 종종 웃음을 터뜨리곤 했다. 또한 현미경으로 아주 작은 곤충의 여러 부위를 관찰하고, 그 결과를 자신이 발견한 것과 가장 잘 일치하게 보이도록 그려두었다.

거미가 서로 싸우거나 먹이를 잡아먹는 모습을 보며 스피노자는 어떤 생각을 했을까? 혹시 자신이 비판하던 당대 유럽 사회의 지배자와 거미를 비교하고 있었던 것은 아닐까? 이런 엉뚱한 질문을 떠올리던 중에 문득 한 가지 생각에 골몰하게 되었다. 스피노자가 살았던 시대부터 현재까지 지속되고 있는 근대사회의 구조적 모순을 자연생태계에서 관찰되는 갈등 상황과 비교해보면 흥미롭겠다는 생각이었다.

자연생태계와 인간 사회의 구성원리를 비교하는 이 책의 화두는 다음의 질문 하나로 요약할 수 있다. '자연에서 민주주의를 배울 수는 없을까?' 흔히들 자연을 적자생존과 승자독식의 원리가 지배하는 전쟁터로 생각한다. 그러나 지구상의 다양한 생태계에 무수한 종이 공존하는 것은 제한된 자원이 소수에 의해 독점되기보다는 구성원들에게 비교적 고르게 배분되기 때문에 가능한 것은 아닐까? 이 책에서는 제한된 자원이 소수의 생물에 의해 독점되기보다는 비교적 고르게 배분되어 다양한 생물의 공존을 가능하게 하는 생태계의 원리를 '자연의 민주주의'라고 일컫고, 그 이론적 배경이 되는 생태학 지식을 소개한다. 종과 개체의 차이에 따른 경쟁과 다툼이 엄연히 존재하는 현실을 무시하고 자연을 이상화해서는 안 되겠지만, 적자생존으로만 자연을 이해할 수 있다는 잘못된 편견을 극복할 필요가 있다. 경쟁과 공존을 아우르는 제대로 된 생태학 지식이 승자독식의 원리가 지배하는 자본주의 사회의 구조적 모순을 이해하고 대안을 찾는 데 도움이 될 수 있을 것이다.

　이 책이 전하는 또 다른 메시지는 우리가 당연한 것으로 받아들이고 있는 근대사회의 기본 가정들에 대해 의문을 가져보자는 것이다. 이러한 문제의식에 따라 근대정신을 대표하는 주요 사상가들의 저술을 찾아 읽으면서 두 가지 중요한 점을 확인할 수 있었다. 먼저, 세분화된 전공 분야만 파고드는 오늘날의 전문가들과 달리 이전 시대의 사상가들은 말 그대로 통섭적인 학자들이었다. 예를 들어, 애덤 스미스가 경제학의 고전인 『국부론』을 저술했다고 해서 그를 경제학자로만 볼 수는 없다. 그는 『도덕감정론』을 저술한 철학자였으며, 젊은 시절에는 우주의 근본 질서를 궁구한 자연과학적 논문을 작성하기도 했다. 『철학논집』에 실린 「천문학사」에서 처음 "보이지 않는 손"(Invisible Hand)을 언급했을 때, 스미스는 우주 만물을 존재하게 하는 근본적인 법칙을 염두에 두고 있었다. 그는 자연과 사회를 분리해서 탐구하지 않았던 것이다. 그러나 오늘날 많은 경제학자들은 보이지 않는 손을 단지 시장의 자율조정 기능이라는 좁은 의미로만 해석하고 있다.[5] 소위 전문가들은 세분화된 전문 분야만큼 좁은 시야를 가지고 있다. 그래서 오래전 근대사상가들이 품었던 넓고 깊은 생각이 오늘날에는 아주 좁은 의미로 왜곡되어 해석될 여지가 있다.

오늘날 세분화된 전문 분야에서 활약하는 전문가들은 이전 시대에는 상상도 할 수 없는 깊이 있는 전문 지식을 가지고 있다. 그러나 이 전문가들은 바로 인접한 분야의 기본 지식도 쉽게 이해하지는 못하는 '바보 천재'이기도 하다. 이러한 바보 천재들에게 복잡한 현실 사회의 문제는 마치 외계인의 언어처럼 생소하게 들린다. 천문학사를 쓰던 애덤 스미스가 시장경제의 법칙도 분석했지만, 오늘날 경제 문제에 대해 발언하는 천문학자나, 천체물리에 대해 얘기하는 경제학자를, 학계나 일반 대중이 어떻게 바라볼지 생각해보라.

복잡한 현실 사회의 문제를 이해하지 못하는 바보 천재들의 딜레마는 곳곳에서 경고음을 내고 있다. 2008년 경제 위기에 대해 설명해달라는 영국 여왕의 요청에 뾰족한 답을 내놓지 못한 영국 최고의 경제학들이 바보 천재의 딜레마를 잘 보여준다. 여왕은 런던정경대학(London School of Economics)을 방문해서 학교 소개를 받은 후, "이렇게 훌륭한 경제학들이 많은데 왜 지난번 경제 위기를 예측하지 못했나요?"라고 질문했다.[6] 여왕이 지나가는 말로 툭 던진 질문이었는지 모르겠지만, 여왕의 말을 허투루 넘길 수 없었는지 영국 최고의 경제학자들이 모여 세미나를 열고 서둘러 답변서를 준비했다. 이 3쪽짜리 답변서에서 영국 최고의 경제 전문가들은 매우 비전문가적인 결론을 제시했다. 각 분야에서 전문가들이 최선을 다했지만, "시스템 전체에 초래된 위험을 이해하지 못한 많은 뛰어난 사람들의 집단적 상상력의 실패" 때문에 경제위기가 초래되었다는 것이다. 보이지 않는 손에 의해 자율적으로 조정된다고 믿었던 시장경제가 복잡한 원인에 의해 제대로 작동하지 않을 가능성은 점차 커지고 있다. 문제는 갈수록 시야가 좁아지고 있는 전문가들에게 복잡한 사회문제를 제대로 이해하고 대안을 제시하는 데 필요한 "집단적 상상력"을 기대할 수 없다는 데 있다.

근대사상의 비판적 검토 과정에서 확인한 두 번째 문제의식은 근대사상가들이 가졌던 생각이 그들이 속했던 시대와 계층의 제약으로부터 자유로울 수 없었다는 점이다. 사회계약론의 주창자들은 공동체의 번영을 사회계약의 주된 목표로 제시했지만, 그들은 알게 모르게 왕이든 부르주아지든 특정 세력의 이익을 대변하곤 했다. 군주와 신흥 부르주아지 간의 대립이 심해지던 근대 초기에 사회 통합을 위해서 제시된 사회계약론이 진영 논리라는 이면계약서를 감추고 있었던 셈이다.

근대 초기의 시대적 제약 속에서 탄생한 사회계약론은 합리론과 함께 근대사회를 지탱하는 견고한 사상적 토대를 구축했다. 독일의 정치학자 엘마 알트파터(Elmar Altvater)는 합리주의, 자본주의 및 화석에너지의 삼위일체를 유럽이 주도해온 근대 자본주의 체제의 핵심 동력으로 파악했다.[7] 지난 수 세기 동안 번영을 구가해온 자본주의 세계 경제는 최근 장기적인 이윤율 하락과 불평등 심화로 심한 몸살을 앓고 있다. 자본주의적 세계질서에 균열이 발생하면서 근대의 오래된 믿음에 대해서 의문을 품는 이들이 늘고 있다.

이 책에서는 스피노자나 홉스 같은 근대사상사의 주요 등장 인물과 사건을 중심으로 근대의 오래된 믿음이 어떤 역사적 배경에서 생겨났는지 알아본다. 그리고 근대사회가 근대의 기본 가정에 맞게 민주적 합의 절차와 자기조절적인 시장 메커니즘에 따라 운영되어왔는지 따져본다. 근대사상사의 가장 강력한 상속자인 자유주의(libertarianism)는 여전히 세계의 정치 지형과 자본주의 경제의 판도를 결정하는 큰손으로 남아 있다. 자유주의자들이 주장하는 것처럼 시장의 보이지 않는 손에 맡겨두면 자기 이익을 추구하는 합리적 개인들이 최선을 다해 가장 자유롭고 조화로운 사회를 이룩할 수 있을까? 근대의 가정에 반하는 사례가 차고 넘치지만, 세부 전공 분야의 벽에 갇힌 전문가들은 "시스템 전체에 초래된 위험"을 총체적으로 파악할 엄두도 내지 못하고 있다.

시스템 전체에 초래된 복잡한 문제를 해결하기 위해서는 '초학제적인' 접근이 불가피하다. 이러한 문제의식에 따라 이성보다는 폭력이 주도한 근대사의 전개 과정과 함께 실제 자연에서 '보이지 않는 손'이 어떻게 작용하는지 살펴본다. 스피노자나 애덤 스미스가 자연의 이치에 비추어 사회의 올바른 운영 원리를 고심했던 것처럼, 자연에서 현대사회의 구조적 문제를 풀 수 있는 실마리를 찾아본다. 구체적으로는 자연생태계의 자원 배분 원리를 분석해서 경쟁과 독점을 대체할 수 있는 공존의 대안을 모색해본다.

미국의 소설가 스타인벡(John Steinbeck)은 "생명의 첫 번째 원리는 살아가는 것"(The first rule of life is living)이라고 했다.[8] 그는 친구인 생물학자 에드 리케츠(Ed Ricketts)와 함께 캘리포니아만으로 6주 동안 해양생물 채집여행을 떠난 적이 있다. 이 여행을 기록한 『코르테즈해 항해일지』(The Log from the Sea of Cortez)에서, 스타인벡은 "과학계의 테너" 생물학자가 과학의 언어로 노래하는 생명의 원리를 단지 몇 마디 말로 간명하게 표현했다.

관찰과 실험을 통해 가설을 검정해야 하는 과학자의 입장에서, 스타인벡처럼 직관에만 의존해서 자연의 민주적 원리를 주장할 수는 없다. 그렇다면 목숨을 걸고 살고자 하는 수많은 생명체로 북적거리는 자연생태계에 나타나는 다수의 공존을 과연 어떤 생태적 원리로 설명할 수 있을까? 반대로 자연의 민주적 원리와 상충되는 인간 사회의 자원 독점 현상은 어떻게 설명해야 할까?

인간 사회의 갈등은 많은 경우, 탐욕스런 소수의 개인이나 집단이 무력이나 지략을 이용해 타인의 피해를 고려하지 않고 자신의 이익을 관철하고자 할 때 발생한다. 폭력이 난무하던 이전 시대와 달리 근대에 들어와서는 부와 권력을 가진 엘리트들이 자신들의 이익을 증진할 수 있는 '보이지 않는 손'을 움직이기 위해 노력해왔다. 자연의 부는 제한적이라 누군가 제로섬의 한계를 무시하고 자기 몫만 늘리고자 하면 반드시 타인의 생존을 위협할 수밖에 없다.

사회생물학자들은 사회성 동물의 무리를 지배하는 개인을 알파라고 부른다. 알파가 1인자라면 알파를 돕는 2인자 베타가 있고, 이들 지배자에게 항상 복종해야 하는 다수의 오메가들도 있다. 인간 사회의 평등주의적 경향에 대한 다양한 연구 결과들을 보면, 이성과 도덕에 의해 폭력적 위계가 사라진 근대 이후뿐만 아니라 선사시대 수렵채취인들의 무리와 심지어 영장류 사회에서도 다양한 평등주의적 현상이 관찰된다. 대표적인 사례로 미국의 영장류 동물학자인 크리스토퍼 보엠(Christopher Boehm)의 연구를 들 수 있다. 그는 다수의 약자가 소수의 폭력적인 개인들을 견제하는 "거꾸로 된 위계"로 평등주의를 설명한다.[9] 소수가 다수를 지배하는 일반적인 권력의 피라미드와 대비해서 다수의 약자가 소수의 강자를 견제하는 뒤집힌 권력 피라미드도 가능하다는 것이다.

"과학계의 테너" 생물학자의 목소리는 연구 대상에 따라 톤이 달라진다. 세포나 분자 수준에서 생명현상을 다루는 생물학자에 비해서, 보다 긴 호흡으로 생명의 신비를 노래하는 생태학자는 조금은 굵은 톤의 바리톤에 가깝다. 하지만 다른 과학자와 마찬가지로 생태학자의 노래도 딱딱한 과학의 언어로 되어 있기 때문에 일반인이 따라 부르기는 쉽지 않다. 이 책에서는 경쟁과 공존을 화두로 한 생태학 연구를 비전공자도 이해할 수 있게 풀어서 설명하려고 노력했다. 또한 자연현상을 설명하는 것에 그치지 않고 인간 사회의 문제를 이해하고 해결하는 데 도움이 될 수 있는 새로운 시각을 제시하고자 했다.

겉보기에는 너무나 다른 인간 사회와 자연현상을 어떻게 한 권의 책에서 일관된 관점으로 설명할 수 있을지 고민하다 보니, 자연과학자가 다루기에는 버거운 역사와 사회 문제에 대해 학문의 경계를 뛰어넘는 방식으로 접근하게 되었다. 자연과 인간 사회의 갈등 구조를 비교하는 내용이 마치 물과 기름처럼 잘 섞이지 못하고 나열되기만 한 것이 아닌가 하는 아쉬움이 남지만, 이러한 아쉬움과 부족함이 앞으로의 공부에 채찍이 되기를 바랄 뿐이다. 독자의 날카로운 비평과 건설적인 제안이 계속해서 생태계와 인간 사회의 구성원리에 대해 탐구해나가는 데 있어 큰 힘이 될 것이라 믿는다. 스타인벡의 말처럼 탐험은 최소 두 번 이상은 시도되어야 목적을 제대로 달성할 수 있는 모양이다. "한 번은 실수하기 위해서, 또 한 번은 그 실수를 수정하기 위해서."[10]

I
근대의 샴쌍둥이

나의 어머니는 쌍둥이를 출산했다―나와 공포를.

ー 토머스 홉스, 『자서전』(*Vita Carmine Expressa*)

시민들이 공적 업무를 그들의 주된 사안으로 여기지

않고, 직접 하기보다는 지갑으로 복무하길 선호하면,

그 즉시 국가는 파멸에 가까워진다.

ー 장 자크 루소, 『사회계약론』

왜 지구는 평평하지 않다고 말해야 하는가?

지금도 지구가 평평하다고 주장하는 사람들이 있다. 우주에서 찍은 둥근 지구의 사진을 보고서도 어떻게 지구가 평평하다고 주장할 수 있는지 의아해하는 사람이 많겠지만, 현재 세계 곳곳에서 평면지구론자(Flat-earther)의 수가 늘고 있다. 지구가 평평하다는 말은, 토머스 프리드먼(Thomas Friedman)이 국경을 초월한 신자유주의적 세계화를 강조하기 위해 『세계는 평평하다』(The World Is Flat)라는 제목의 책에서 썼던 것과 같은 비유적인 의미가 아니다. 평면지구론자들은 순전히 개인적 신념 때문에 지구가 구(球)라는 사실을 부정하고 있다. 그들은 사람들이 진실이라고 믿고 있는 과학지식이 사실은 전문가들에 의해 왜곡된 것일 수 있으며, 미국항공우주국(NASA)이 배포하는 지구의 위성사진이 대표적으로 사실을 왜곡한 것이라고 주장한다.

황당한 음모론으로 들릴 수 있지만, 현재 평면지구론은 유튜브나 SNS를 통해 빠른 속도로 퍼져나가고 있다. 틸라 테킬라(Tila Tequila)나 B.o.B 같은 유명 연예인과 구독자 수가 1,800만 명이 넘는 유튜버 로건 폴(Logan Paul)이 공개적으로 평면지구론자임을 밝혔다. 음모론이 처음 시작된 미국뿐만 아니라 캐나다나 영국 등지에서도 평면지구론자들의 회의가 개최되었다.[1] 『가디언』(The Guardian)의 보도에 따르면 2018년 5월에 버밍햄(Birmingham)에서 영국 최초로 개최된 평면지구론자 회의에는

200여 명의 청중이 참석했으며, 같은 해 11월에 미국 덴버에서 개최된 2차 평면지구론자 세계 대회(Flat Earth International Conference)에는 세계 각지에서 650명의 참석자가 몰려들었다. 평면지구론자들이 가진 신념의 뿌리는 기독교 근본주의에 닿아 있다. 그들은 지구가 성경에 묘사된 대로 평평하며 우주의 중심이라고 믿고 있다. 사실이 아니라 해도 지구가 평평하다고 믿는 것은 순전히 개인의 자유이다. 그러나 잘못된 개인의 신념을 타인에게 강요하게 되면 문제가 발생한다. 지구가 태양 주위를 돈다는 사실을 말한 갈릴레이를 종교재판에 세운 것과 같은 잘못된 믿음은 타인을 억압하고 사회적 분열을 조장한다.

21세기를 사는 현대인이 어떻게 맹목적인 신앙에 눈이 멀어 이성적 판단을 못하게 될 수 있는지 의아해하는 사람이 많을지 모른다. 그러나 평면지구론의 사례는 근대가 이성의 시대라는 통념에 대해 의문을 제기한다. 신앙이 모든 판단의 준거가 되었던 중세의 암흑기가 끝나고 과학혁명과 계몽주의에 의해 찬란한 이성의 빛이 비치면서, 과연 인류는 무지몽매의 늪에서 완전히 빠져나온 것일까?

이 책의 중요한 목표는 근대의 기본 가정에 대해 질문을 제기하는 것이다. 바로 근대사회의 제도적 근간을 이루는 대의제 민주주의와 자본주의적 자원 배분 방식에 대한 질문이다. 구체적으로는 계몽주의자들이 주장한 대로 근대적 정치경제 체제가 사회구성원 전체의 계약을 통해 합의된 것인지 살펴본다. 즉 오늘날 우리가 당연시하듯이 근대의 정치경제 체제가 이성적 존재인 개인 간에 서로의 이익을 극대화하기 위해 합의한 사회계약을 통해 채택된 것인지를 따져보고자 한다.

근대사회와 자연생태계의 자원 배분과 갈등 구조를 자세히 비교하기에 앞서 1장에서는 이 책을 통해 제기하고자 하는 핵심 질문들을 간추려 앞으로 거쳐 가게 될 복잡한 여정과 행선지에 대한 안내 지도를 제시하고자 한다. 먼저 이 같은 논의가 필요한 배경으로서 근대 자본주의 세계체제의 위기를 초래하고 있는 불평등 심화 문제에 대해 잠깐 생각해보자. 자연과학자는 복잡한 자연현상 속에 감춰진 근본 원리를 간단한 수식으로 정리할 수 있기를 소망한다. 그런 자연과학자에게 자연현상만큼이나 복잡한 경제현상을 자본수익률(r)과 경제성장률(g)로 이루어진 간단한 수식으로 설명한 토마 피케티(Thomas Piketty)의 『21세기 자본』은 경탄과 부러움의 대상이다. 피케티는 2013년에 『21세기 자본』의 출간을 통해 단숨에 스타 경제학자가 되었다. 그는 20여 개 국가에 대한 300년에 걸친 장기 자료에 기초하여, 20세기 중반의 예외적인 기간을 제외하면 자본주의 역사의 전 기간 동안 자본수익률이 항상 경제성장률을 웃돌았다고 주장했다. 즉 $r > g$의 부등식은 최상위 자본 소유자들이 평균적인 경제 참여자들보다 경제 성장의 과실을 훨씬 더 많이 챙겨가서 발생하게 되는 불평등 심화의 비밀을 푸는 핵심 공식이라는 것이다.

　1,000쪽이 넘는 두꺼운 책에 실린 수많은 자료 중에서 간단한 표 하나가 이 책이 제기하는 문제의식을 압축해서 보여준다.[2] 다양한 시기와 국가의 계층별 소유자본 비율을 정리한 이 표에서, 피케티는 자신이 생각할 수 있는 이상적인 국가의 계층 간 자본 배분에 대해서도 언급한다. 역사적 자료와 피케티가 상상한 수치를 정리한 표를 독자의 이해를 돕기 위해 그래프로 옮겨보았다. 이 그래프는 한 사회의 가용 자원이 소수에게 집중되면 전쟁과 같은 파국적인 상황이 초래될 수도 있지만, 사회구성원의 합의와 노

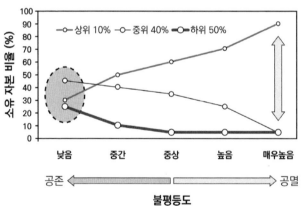

그림 1 자본 불평등도에 따른 계층별 소유 자본 비율의 변화

력에 의해 자원이 고르게 배분되면 북유럽의 복지국가 같은 비교적 평등한 사회를 만들 수 있음을 잘 보여준다(**그림 1**).

그림 1의 제일 오른쪽은 불평등이 극심했던 1차 세계대전 직전 유럽의 상황을 보여준다. 이때 유럽에서는 상위 10%가 전체 자본의 90% 이상을 독차지했지만, 중위 40%와 하위 50%가 소유한 자본은 5%에도 미치지 못했다. 반면에 X축 왼쪽으로 갈수록 불평등도는 점차 감소한다. 상위 10%가 차지하는 자본 비율의 경우, 미국(2010년) 70%, 유럽(2010년) 60%, 스칸디나비아 복지국가(1970~1980년대) 50%, 그리고 피케티의 이상 사회 30% 순으로 감소한다. 피케티가 상상한 이상 사회에서는 세 계층의 소유 자본 비율이 25~45% 범위 내로 수렴한다. 이는 1차 세계대전 직전에 유럽에서 발생했던 자본의 독점 현상과는 큰 대조를 보인다.

계층별 자본소유율의 등락을 보여주는 피케티의 자료는 20세기 이후 시장자본주의 전개 과정에 영향을 미친 사회적 통제력의 중요성을 잘 드러낸다. 조반니 아리기(Giovanni Arrighi)가 지적한 것처럼, "자본은 규제되지 않은 경쟁이 초래하는 파멸적 상황과 독과점으로 인한 과도한 권력 집중 사이에서 진자운동"을 한다.[3] 한 사회가 가진 자원을 시장의 보이지 않는 손에만 맡기는 경우, 소수에 의한 자원 독점이 다수의 생존을 위협하여 종국에는 혁명과 전쟁이라는 극단적인 해결책에 의해서 누적된 사회 갈등이 해소된다. 피케티가 지적한 대로 20세기 초의 극심한 빈부 격차를 해소한 것은 "민주적 합리성이나 경제적 합리성이 아니라 전쟁"이었다. 전쟁의 혼란과 이후의 정치적·경제적 충격에서 벗어나기 위해 북유럽 국가들은 부의 분배를 통해 소수에 의한 자원의 독점을 제도적으로 제약하는 사회민주주의적 노선을 채택했다. 과거의 실패를 극복하는 과정에서 새로이 등장하게 된 북유럽식 복지국가 모델이 피케티의 이상 사회에 다가갈 수 있는 최고의 선택일까?

나치에 협력한 혐의를 받은 독일의 법학자이자 정치학자인 카를 슈미트(Carl Schmitt)는 100쪽 남짓한 짧은 책 『땅과 바다』에서 세계사를 "공간의 질서"가 변화해온 과정으로 설명했다.[4] 15세기 대항해시대 이후 유럽이 주도한 근대적 공간 질서는 자본 축적을 위한 제국주의적 시장 팽창 과정의 결과로 볼 수 있다. 이후에 살펴볼 자연의 자원 배분이 생물다양성이 증진되는 방향으로 이루어지는 것과 비교하면, 자본의 효율적 축적을 목표로 한 근대적 공간 질서는 소수에 의한 자원의 독점이 나타난다는 면에서 자원 배분의 다원화라는 자연현상과는 큰 대조를 보인다. 문제는 피케티의 자료에서 확인할 수 있는 것처럼 한 사회의 자원이 소수에게 집중되는 현상은 사회적 갈등을 심화하여 결국에는 사회구성원 모두에게 부정적인 영향을 초래한다는 점이다.

이 책에서는 자연생태계와 자본주의 체제가 피케티 자료의

양 극단에 해당하는 공존과 공멸 사이에서 어느 쪽을 향해 더 강한 진자운동을 하는지 비교한다. 잘못된 가정에 근거해서 지구가 평평하다고 믿게 된 사람에게는 그 가정의 진위를 따지지 않고서는 지구가 둥글다는 사실을 아무리 설명해도 소용없다. 마찬가지로 근대의 기본 가정에 오류가 없는지를 제대로 따지지 않고서는 근대사회의 구조적 모순을 제대로 파악할 수 없다.

다음 절에서는 대표적인 근대사상가 두 명의 이야기를 통해 근대사상의 시대적 한계에 대해 살펴본다. 18세기 계몽주의 시대를 대표하는 사상가인 장 자크 루소와 볼테르(Voltaire, 본명 François-Marie Arouet)는 같은 시대를 살았지만 전혀 다른 사상적 행보를 취했다. 이들의 얘기를 통해 근대사회의 사상적 근간인 합리주의와 사회계약론이 당대 지배엘리트의 이해관계로부터 자유로울 수 없었던 시대적 제약을 확인할 수 있다.

사회계약: 근대의 지켜지지 않은 약속

1749년 어느 더운 여름날 장 자크 루소는 파리에서 20리나 떨어진 뱅센(Vincennes)까지 땀을 흘리며 걸어가고 있었다.[5] 감옥에 갇혀 있던 친구 디드로(Denis Diderot)를 면회하러 가는 길이었다. 루소는 디드로와 친해진 후, 디드로가 달랑베르(Jean le Rond d'Alembert)와 함께 간행하고 있던 백과전서의 편찬 작업을 도와주고 있었다. 루소의 『고백록』에는 디드로가 원고료를 약속하며 음악에 관한 원고를 부탁한 얘기가 나온다.[6] 루소는 석 달 동안 힘들여 원고를 작성한 후 자기 돈을 들여 사람을 써서 깨끗하게 정서한 원고를 디드로에게 주었다. 이후 디드로는 원고료를 지불하지 않았지만, 디드로를 신뢰했던 루소는 왜 약속을 지키지 않는지 따져 묻지 않았다. 같은 해 디드로는 생리학에 기초한 유물론을 주장하는 책 『맹인에 관한 서한』(Lettre sur les aveugles)을 출간했다. 그의 책에 나오는 인신공격성 발언은 왕과 가까운 일부 귀족들을 화나게 했다. 그해 7월 24일에 디드로는 왕의 명령에 의해 뱅센성에 갇혔으며, 11월 3일이 되어서야 구금에서 완전히 풀려났다.

디드로와 각별한 우정을 나누고 있었던 루소에게 그의 구금 소식은 큰 충격이었다. 루소는 이틀에 한 번은 뱅센성으로 면회를 갔다. 디드로의 부인과 함께 면회를 가기도 했지만, 혼자 갈 때는 합승마차 삯을 치를 형편이 못 돼 20리 길을 걸어가야만 했다. 먼 길을 가면서 무료함을 달래느라 책을 들고 다녔는데, 어느 날은 『메르퀴르 드 프랑스』(Mercure de France)를 보고 있었다. 그 잡지에 실려 있던 디종 아카데미의 논문 현상공모가 루소의 눈을 사로잡았다. 현상공모의 질문은 다음과 같았다. "학문과 예술의 진보는 풍습을 타락시키는 데 기여했는가, 아니면 순화시키는 데 기여했는가?"

루소는 그 광고를 본 순간 "나는 다른 세상을 보았고 딴 사람이 되었다"고 『고백록』에 적고 있다. 그때 루소가 경험한 일종의 환각상태는 「말제르브에게 보내는 편지」에 자세히 기록되어 있다. "갑자기 나는 수천 개의 빛으로 정신이 아찔해지는 것을 느꼈습니다. 수많은 강렬한 생각들이 뒤죽박죽된 상태로 힘차게 떠올라 나는 형언할 수 없는 혼란에 빠졌습니다." 극도의 흥분 상태에서 가로수 아래에 쓰러진 루소는 떠오르는 생각을 노트에 적어두었다. 기록한 내용의 핵심은 "너무나 간단하게 인간은 자연적으로 선량하며 인간이 나쁘게 된 것은 오로지 이러한 제도 때문"이라는 것이다. 이후 그는 수많은 밤을 뜬눈으로 지새우며 논문을 작성했다. 『고백록』에는 그의 특이한 저술 방식이 언급되어 있다. 침대에 누워 논리와 문장이 완전해질 때까지 계속 생각을 가다듬다가, 아침에 일어나자마자 밤에 머릿속에서 다듬은 문장을 집안일을 돕던 한 부인에게 받아 적게 했다. 이렇게 공들여 작성한 논문이었지만, 정작 루소 자신은 그가 쓴 "모든 글들 중에서 가장 논리가 약하고 운율과 조화가 빈약한" 글이라고 생각했다. 하지만 이듬해인 1750년 7월에 루소는 디종 아카데미로부터 수상 소식을 듣게 된다.

　이 논문에 피력된 생각은 이후 루소의 대표작인 『사회계약론』의 기초가 된다. 『사회계약론』의 유명한 첫 문장은 루소의 인간관을 간결하게 잘 표현하고 있다. "인간은 자유롭게 태어나 어디에서나 쇠사슬에 묶여 있다."[7] 루소는 17세기 영국의 대표적 사회계약론자인 홉스나 로크와는 다른 인간관을 가지고 있었다. 그는 자연상태의 인간을 선하고 자유로우며 평등한 존재로 파악했다. 이러한 개인이 사회를 이루는 순간 불평등한 관계로부터 각종 사회적 모순과 억압이 발생한다는 것이다. 따라서 오직 사회계약을 통해서만 현재의 사회적 속박으로부터 각 개인의 "인격과 재산을 지키고 보호"할 수 있다고 루소는 주장한다.

　　루소의 논문이 디종 아카데미의 논문 공모에 선정되었다고 해서 그의 생각이 당대의 주류 지식인 사회에 널리 받아들여졌다고 오해해서는 안 된다. 디드로를 비롯한 백과사전파와의 친분을 통해 파리의 살롱을 드나들던 루소는 점차 당대의 주류 지식인들을 의심의 눈초리로 보게 된다. 그들이 말로는 만인의 자유와 평등을 주장하지만 실제로는 자신들을 후원하는 부유한 상인이나 군주의 입장을 대변하고 있다는 의심을 품게 된 것이다.[8] 지배엘리트를 지속적으로 비판한 루소는 점차 파리의 지식인 사회로부터 고립된다. 『사회계약론』과 『에밀』의 출판 이후 그에 대한 비판 여론이 심해진 탓에 루소는 고향 스위스로 망명을 떠나야만 했다. 그의 두 책은 심지어 고향 제네바에서조차 판매가 금지되었다.

　　루소를 가장 혹독하게 비판한 이가 바로 대표적인 계몽주의자 볼테르이다. 그는 루소에 대한 인신공격성 비난까지도 서슴지 않았다. 파리에서 동거한 세탁부가 낳은 다섯 아이를 루소가 모두 고아원에 맡긴 사실을 폭로하며, 볼테르는 루소를 비양심적인 냉

혈한이라고 비난했다. 루소를 조롱하고 멸시했지만, 볼테르는 루소의 책을 주의 깊게 읽고 책의 여백에 루소의 주장에 대한 자신의 의견을 깨알같이 적었다. 러시아국립도서관에 보관된 볼테르의 장서 중에는 루소의 저작물이 적지 않다.『에밀』이나『사회계약론』같은 책의 여백에는 볼테르가 루소를 어떻게 생각했는지 짐작할 수 있게 하는 많은 메모가 적혀 있다. "제네바의 시민"을 조롱하는 메모 중에는『에밀』이 "멍청하고 속물적이고 부끄러움을 모르며 지루한" 책이라는 악평이 있고『사회계약론』의 한 부분에 대해서는 "웃기는 주장"이라는 빈정거림도 있다.[9]

볼테르는 계몽주의 정신에 입각한 수많은 저작물의 작가이자, 영국왕립학회 소속의 과학자이자, 기성 교회와 봉건 질서의 권위에 저항하고 사상의 자유를 위해 헌신한 투사로 알려져 있다. 재기 발랄한 볼테르는 파리 살롱가의 귀족 마담들에게 사랑받던 스타 작가였지만, 특유의 반골 기질로 심심찮게 귀족과 교회를 대상으로 싸움을 벌여 여러 차례 투옥되고 심지어 생명의 위협을 느껴 영국으로 망명을 가기까지 한다. 1726년에 혈기 왕성한 젊은 볼테르는 명문 귀족 집안의 자제와 말다툼을 하다가 귀족의 하인들에게 흠씬 두들겨 맞게 된다. 부유한 부르주아 집안 출신이었지만 귀족은 아니었던 볼테르는 화를 참지 못하고 귀족 집안의 자제에게 결투를 신청했다. 이 일이 있은 후 볼테르는 귀족에게 불손했다는 이유로 바스티유 감옥에 투옥된다. 루이 14세가 서거

한 후 섭정을 하던 오를레앙 공을 비방하는 글을 썼다는 죄목으로 1717년 5월에 같은 감옥에 수감된 적이 있었으니, 바스티유는 투사 볼테르에게 귀족과 교회로 대표되는 구체제의 족쇄와도 같았을 것이다.

다른 나라에 망명을 떠나야 한다는 조건으로 바스티유에서 풀려난 볼테르가 망명지로 택한 곳이 바로 영국이었다. 여기서 그는 홉스와 로크의 자유주의 사상을 접하고 근대 자본주의의 중심지로 부상하던 런던의 경제적 풍요와 정치적 자유에 대해 경탄한다. 1733년에 런던에서 출간된 책 『영국에 관한 편지』에서 영국에 대한 볼테르의 동경심을 잘 알 수 있다. 그가 관찰한 바에 따르면 영국은 "무역이 영국 시민을 부유하게 하여 시민의 자유를 증진시켰으며 이러한 자유가 다른 한편으로는 상업 규모를 확대시킴으로써 위대한 국가"[10]가 된 것이다.

계몽주의 시대의 대표적인 사상가이자 투사이며 베스트셀러 작가였던 볼테르는 또한 성공한 사업가였다. 그는 사업가로서 수완이 남달랐던 터라, 은퇴 후 스위스에 세운 시계 회사의 제품을 후원자인 러시아의 예카테리나 2세(Ekaterina II)가 다량 구매하게 하기도 했다. 예카테리나 2세뿐만 아니라 프로이센의 프리드리히 2세(Friedrich II)도 볼테르의 열렬한 후원자였다. 볼테르는 구체제를 비판한 대표적 계몽주의자이면서도 귀족 부인들의 호사스러운 살롱에서 재담으로 인기를 끌었고, 전제군주를 미화하는 글을 써서 예카테리나 2세나 프리드리히 2세로부터 재정적 후원을 받았다. 한국의 '강남 좌파'에 해당하는 "캐비어 좌파의 창시자"[11]라는 말을 들을 만도 하다.

피케티는 「브라만 좌파 대 상인 우파」라는 최신 논문에서 불평등이 갈수록 심화되고 있지만 정치적 해결책이 제대로 제시되지 못하는 이유는 좌우를 막론하고 정치엘리트가 현 체제에서 득을 보고 있는 집단이기 때문이라고 주장한다.[12] 피케티의 말을 빌리자면 볼테르는 "브라만 좌파"이자 "상인 우파"이기도 했던 매우 특이한 인물이었다. 이렇게 전제군주와 우호적인 관계를 맺고 부르주아지의 계급적 이익에 충실했던 볼테르의 행보에서, 루소는 당대 주류 지식인의 이중성을 읽었다. 사회적 진보를 통해 자유롭고 평등한 사회를 건설하자면서 한편으로는 전제군주의 통치를 정당화하는 이데올로그 역할을 자임하는 이들을, 루소는 이해할 수 없었던 것이다.

루소와 볼테르의 이념적 대립은 이 책에서 다루고자 하는 근대의 모순을 상징적으로 보여준다. 루소와 볼테르 모두 18세기 계몽주의의 대표적 사상가로 불리지만, 그 둘과 그들이 따르던 이전 세기의 사상가들은, 기독교와 이슬람교가 나타내는 종교적 유사성과 차이점만큼이나, 인간과 사회에 대한 생각이 많은 면에서 유사하면서도 근본적인 지향점에 있어서는 크게 달랐다. 이들 근대사상가들은 봉건적 질서가 해체되고 근대적 정치체제와 자본주의적 시장경제가 자리 잡던 격동기를 살면서 자신들만의 방식으로 새로운 시대를 꿈꾼 이상주의자들이었다. 그러나 그들의 정치적 이상은 자신들이 속했거나 대변하고자 했던 특정한 정치세력의 이해관계로부터 완전히 자유롭지는 못했다. 사업가였던 볼테르는 자신이 열렬히 추종했던 로크와 마찬가지로, 새로운 지배세력으로 부상하던 부르주아지 계급의 이해를 적극적으로 대변했다. 자유롭고 평등한 시민사회를 수립하겠다는 사회계약의 이면에는 구체적으로 어떤 지배엘리트의 의도가 감추어져 있을까?

이제 네 가지 핵심 질문을 통해 이 책에서 시도하는 근대사회와 자연생태계의 자원 배분을 비교하는 작업의 의도와 배경에 대해 살펴보자. 먼저 네 질문을 요약해서 소개한 다음, 뒤따르는 네 절에서 각 질문의 배경에 대해 보다 자세히 설명하기로 한다.

'근대를 이성의 시대라고 부를 수 있는가'라는 첫 번째 질문은 근대가 이성과 폭력이 마치 샴쌍둥이처럼 한 몸으로 붙어 있었던 모순의 시대가 아니었는지 의문을 제기한다. 바로 이어지는 절에서는 스피노자가 살았던 근대 초기에 스피노자와 홉스를 중심으로 당시의 사상가들이 인간과 사회에 대해 자신들만의 고유한 생각을 발전시키게 된 역사적 맥락을 살펴본다. 2장에서는 근대 초기의 혼란한 사회 속에서 스피노자가 거미를 관찰하며 어떤 생각을 가지게 되었는지 유추해볼 수 있도록 그의 삶과 사상에 영향을 미친 주요 사건들을 살펴본다.

'**자연생태계의 자원 배분은 민주적인가**'라는 두 번째 질문에 답하기 위해서 관련된 생태학 이론을 살펴본다. 먼저 다음 절에서 이 질문의 배경을 설명한 후, 3장에서 거미의 세계, 즉 자연생태계의 자원 배분과 관련된 생태학의 주요 개념과 원리를 자세히 소개한다. 3장에서는 생태적 니치 개념에 기초한 경쟁과 공존 메커니즘을 주로 살펴보지만, 마지막 부분에 중립이론 같은 니치 개념으로는 설명할 수 없는 새로운 연구 결과도 소개한다.

'**거미와 콩키스타도르**[*]**는 어떻게 다른가**'라는 세 번째 질문을 통해서는 콩키스타도르와 신흥 자본가 세력이 주도한 근대의 제국주의적 공간 질서가 어떻게 자연생태계의 다양성과 공존 원리에 배치되는지 묻는다. 4장에서는 특히 근대 초기의 신흥 정치세력이었던 에스파냐의 콩키스타도르와 북유럽 상인 집단의 성장 과정에 주목한다. 5장에서는 스피노자가 살았던 근대 초기의 모순이 오늘날까지 이어지고 있음을 보여주기 위해 초국적 거대 기업이 마치 현대판 콩키스타도르처럼 세계경제를 지배하고 있는 실상을 몇 가지 사례를 통해 살펴본다.

'**자연에서 대안적인 자원 배분의 원리를 찾을 수 있을까**'라는 네 번째 질문에 답하기 위해 자연과 사회의 구성원리를 비교한다. 3

---

[*] Conquistador: 정복자를 의미하는 스페인어 Conquistadores에서 유래

장의 생태학 이론에 추가하여 5장에 포함된 [생태학 노트 2]에서 '자연의 보이지 않는 손'이라는 제목 아래 생태계 자율구성(self-organization)의 이론적 배경을 소개한다. 결론에 해당하는 6장에서는, 먼저 인간 본성과 사회적 구성원리에 대한 근대사상의 기본 가정이 내포하는 모순을 되짚어본다. 또한 자연생태계의 자율구성과 인간 사회의 협력 체계에 대한 최신 연구를 소개한다. 끝으로 생태계의 자율구성 원리에 기초하여 스피노자가 꿈꾸었던 절대민주주의를 실현할 수 있을지에 대해 마무리 질문을 던진다.

첫 번째 질문: 근대를 이성의 시대라고 부를 수 있는가?

미국의 역사학자이며 저널리스트인 러셀 쇼토(Russell Shorto)는 『세상에서 가장 자유로운 도시, 암스테르담』에서 역사적 인물들의 이야기와 자신이 체류하며 직접 경험한 도시의 현재 모습을 솜씨 좋게 버무려 근대사의 중심 무대였던 한 도시의 전기를 소설처럼 흥미진진하게 그려내고 있다.[13] 이 책에 등장하는 인물들의 이야기를 보면 암스테르담의 역사가 여러 측면에서 오늘을 살고 있는 우리의 삶과 밀접하게 연결되어 있음을 알 수 있다. 무엇보다도 스피노자가 살았던 17세기 네덜란드에서 개인의 자유를 추구하는 "근대적 인류"의 원형을 찾아볼 수 있다. 그 누구보다 스피노자 자신이 바로 봉건적 속박으로부터 벗어나 개인의 해방을 얻기 위해 싸운 근대적 자유인의 전범이었다.

지배자들이 보기에는 너무나 불온한 스피노자의 철학이 탄생할 수 있었던 것은, 그가 17세기 네덜란드의 황금시대(The Dutch Golden Age)에 살았기 때문이었을지도 모른다. 네덜란드 연방의 상인들은 동인도회사(VOC: Vereenigde Oost-Indische Compagnie, 1602~1799)를 주축으로 아시아의 향신료 무역을 장악하였다. 그들은 상인에게 우호적인 정치지도자들의 보호를 받으며 인도와 인도네시아 같은 아시아의 주요 교역지뿐만 아니라 아메리카와 아프리카까지 시장을 확대해나갔다. 암스테르담 항구는 항상 값비싼 교역품을 가득 실은 배들로 붐볐다. 전성기를 맞은 암스테르담을 방문한 한 이방인이 감탄하며 적은 것처럼, 암스테르담은 "세계의 종합창고요, 풍요의 고장이며, 부의 집합지이고, 하늘의 사랑을 입은 곳"이었다.[14] 유대인이라는 이유로 포르투갈에서 박해를 받고 이민을 떠나야 했던 스피노자의 선조를 비롯해서 많은 이민자들이 종교적 자유와 경제적 기회를 좇아 네덜란드로 구름처럼 몰려들었다. 1600년에 고작 5만 명이던 인구는 1700년에는 20만 명으로 늘었다.[15] 1650년경에는 암스테르담 시민 세 명 중 한 명이 외국인이거나 그 후손이었다고 한다.

스피노자가 살았던 17세기에 네덜란드를 방문한 외부인의 눈에는 연방의 도시들이 경제적으로 풍요롭고 정치적으로 자유로운 곳으로 보였을 것이다. 데카르트나 로크처럼 많은 외국인들이 본국에서의 정치적 박해를 피하거나 자유로운 생활을 향유하기 위하여 장기간 네덜란드에 머물렀다. 네덜란드는 당대의 유럽 국가들 중에서는 상대적으로 자유로운 나라였음이 분명하다. 데카르트는 성인이 된 후 가장 긴 시간을 네덜란드에서 보냈다. 스피노자가 태어나기 한 해 전인 1631년에 암스테르담에 머물고 있던 데카르트는 자신이 살고 있는 나라 홀란트(Holland)를 이렇게 찬미했다. "어떤 다른 나라에서 당신이 이처럼 완벽한 자유를 누리거나, 근심 없이 잠들거나, 당신을 보호할 준비가 되어 있는 군대를 만나거나, 독을 풀거나 반역이나 비방의 행동을 하는 자들이 이처럼 적은 것을 볼 수 있겠는가?"[16] 그러나 스피노자가 실제 살았던 네덜란드 사회가 국외자의 눈에 비친 것처럼 항상 자유롭고 풍요롭기만 했을까? "나를 제외한 모든 사람들이 상업에 종사하고 있으며, 그러므로 그들 자신의 이익에 온통 신경을 쏟고 있기 때문에 [……] 나는 평생을 이곳에서 살 수 있다"라는 데카르트의 말은 당대 네덜란드 사회의 자유를 가능하게 했던 경제적 풍요가 언젠가는 사회 갈등의 한 요인이 될 수도 있음을 암시한다.

16세기에 에스파냐와 포르투갈이 대서양을 넘어 아메리카와 아시아를 아우르는 세계적 제국을 건설하기 시작했을 때, 독실한 가톨릭 군주들은 다른 종교에 대해 강력한 불관용 정책을 펼쳤다. 이베리아반도에서는 이슬람 세력에게 빼앗긴 국토를 되찾기 위한 레콩키스타(Reconquista, 재정복)가 거의 800년 동안이나 이어졌으니, 피비린내 나는 전쟁이 끝난 1492년 이후 다른 종교에 대한 불관용 정책이 심화된 것은 당연한 결과였다. 스피노자는 이베리아 반도에서 쫓겨난 후 암스테르담에 정착한 유대인 상인 가문에서 태어났다. 그의 선조가 유대교 신앙을 지키기 위해 머나먼 네덜란드로 이주해왔지만, 정작 그 자신은 무신론자라는 이유로 암스테르담의 유대교회로부터 파문을 당했다. 공화주의자 얀 더빗(Jan de Witt)을 지지한 스피노자로서는, 왕당파를 지지하며 폭력을 행사하는 대중의 광기를 이해할 수 없었다. 영국과 프랑스의 침략으로 사회가 혼란에 빠졌을 때 이성을 잃은 폭도들은 더빗을 잔혹하게 살해했다. 17세기 근대화의 중심지에서 일어났던 이 비이성적인 사건은 스피노자를 충격에 빠뜨렸다. 그는 이성보다는 공포에 압도당한 당대의 현실을 고발하고자 『신학-정치론』을 쓴다. 이 책은 익명으로 출간된 후 "악마가 쓴 지옥에서 꾸며진 책"이라는 비난과 저주를 받게 된다.[17]

　이성의 시대로 보기에 근대사는 너무나 많은 폭력으로 점철되었다. 그럼에도 불구하고 많은 사람들이 교과서에서 배운 대로 근대사의 전개를 계몽주의 이상이 실현되어 가는 과정으로 이해하고 있다. 근대의 모순이 끝없이 반복되고 심화되는 이유는 근대의 기본 가정이 오류가 있는데도 불구하고 제대로 된 검증 없이 계속 받아들여지고 있기 때문이 아닐까? 우리 사회의 교육 문제에 대해 수많은 처방이 내려졌음에도 교육 문제의 근본 원인을 외면한 채 시도되는 각종 교육 정책이 계속 실패할 수밖에 없었던 것처럼, 근대사회의 형성과 전개 과정에서 중요한 역할을 한 정치 사상과 그 가정에 내포된 오류에 대해 제대로 따져보지 않는다면, 우리가 안고 있는 구조적 문제를 앞으로도 계속 제대로 해결하지 못할 것이다.

근대는 이성이 지배하기보다는 실제로는 공포가 압도한 이율배반적 시대이다. 그런데도 근대를 이성과 진보의 시대로만 받아들이는 현상을 어떻게 설명할 수 있을까? 움베르토 에코는 「읽지 않은 책에 대하여」라는 제목의 서평을 쓴 적이 있다.[18] 그는 피에르 바야르(Pierre Bayard)의 책 『읽지 않은 책에 대해 말하는 법』(*How to Talk about Books You Haven't Read*)의 서평에서 소위 창조적 오독에 대해 얘기한다. 독자는 책을 읽었지만 제대로 기억하지 못하거나, 심지어 읽지 않은 책에 대해서 저자가 실제 말한 것을 자신의 머릿속에 자기만의 방식으로 재구성해서 기억한다. 바야르는 독자의 오독이 얼마나 흔한 일인지 입증하기 위해 앞부분에 소개한 몇 권의 책의 줄거리를 의도적으로 잘못 적었음을 책의 말미에서 밝히고 있다. 에코는 자신의 책 『장미의 이름』에 대해 잘못 요약한 줄거리를 읽고서도 미처 알아차리지 못했다는 사실을 고백한다. 그러나 에코는 바야르가 독자의 오독을 꼬집는 것은 오독의 창조성에 대해 주장하는 본인의 책을 스스로가 제대로 읽지 못했기 때문이 아니냐며, 재치 있게 반격을 가한다.

소위 '고전'이라고 불리는 많은 책들이 "읽지 않은 책"인데도 책에 담긴 내용은 제대로 된 확인 절차 없이 쉽게 받아들여지곤 한다. 대의제 민주주의의 근간이 되는 사회계약론의 원형을 제시했다는 점에서 근대 정치철학사의 가장 중요한 저작으로 평가되는 토머스 홉스의 책 『리바이어던』(Leviathan)이 대표적인 예이다.[19] 왕당파였던 홉스는 찰스 1세와 의회와의 대립이 심해졌을 때 프랑스에서 도피생활을 하면서 이 책을 저술했다. 『리바이어던, 교회국가 및 시민국가의 재료와 형태 및 권력』(Leviathan, or The Matter, Form, and Power of a Commonwealth, Ecclesiastical and Civil)이라는 긴 제목을 가진 이 책은 1651년에 런던에서 출간되었다. 홉스는 기계론적 유물론에 입각하여 『리바이어던』 출간 전후 20년에 걸쳐 『물체론』, 『인간론』, 『시민론』 3부작을 저술했다. 이 3부작의 핵심 사상이 한 권의 책에 체계적으로 정리되어 있으니, 홉스에게 『리바이어던』은 필생의 역작(magnum opus)인 셈이다. 그러나 『리바이어던』이 런던에서 출간된 후, 책에 담긴 홉스의 주장은 어느 진영에서도 환영받지 못했다. 의회주의자들은 여전히 그가 왕정을 정당화하려 한다며 비난했다. 신이 왕의 권위를 부여했다고 믿는 왕에게는 국민의 동의를 전제로 왕정이 이루어져야 한다는 그의 주장이 받아들여질 수 없었다. 또한 교회는 홉스를 무신론자라고 비난했다. 급기야는 이단 혐의로 그의 모든 영어 저작이 출판 금지 처분을 받게 되었다.

홉스의 사회계약론은 그가 가졌던 인간 본성에 대한 이해에 뿌리를 두고 있다. 그가 이해한 인간의 본성은 너무나 유명한 "만인에 대한 만인의 전쟁"으로 잘 설명된다.[20] 자연상태에서 모든 인간은 생존을 위해 천부적인 권한을 행사하려 든다. 이 과정에서 개인의 능력은 대동소이하므로 사람들 사이에서 생존에 필요한 희소한 자원을 두고 다툼이 발생하게 된다. "같은 것을 놓고 두 사람이 서로 가지려 한다면, 그 둘은 서로 적이 되고" 이런 생존 경쟁의 공포에 짓눌린 인간의 삶을 홉스는 "고독하고, 가난하고, 험악하고, 잔인하고, 그리고 짧다"고 표현했다.[21] 홉스는 항구적인 전쟁 상태를 피하고 모두의 생존권을 보장할 수 있는 합리적인 방안으로 사회계약을 제안한다. 홉스가 제안한 사회계약에 따르면 개인은 각자가 가진 권한을 국왕이나 의회 같은 주권에게 양도하고, 권한을 위임 받은 '한 사람'(one Man) 혹은 '하나의 합의체'(one Assembly)는 공정한 원칙에 따라 각 개인의 생존권을 보호해야 한다.

이 계약을 통해 개인의 권한은 즉각적으로 양도되지만, 개인을 보호한다는 국가의 약속은 어느 정도 시차를 두고 이행될 수밖에 없다. 이렇게 신뢰를 전제하는 계약을 다른 형식의 계약과 구분하기 위해 홉스는 '신의계약'(covenant)이라는 용어를 사용했다. 그의 말을 빌리면, "만인이 만인과 상호 신의계약을 체결함으로써 모든 인간이 단 하나의 동일 인격으로 결합되는 것이다."[22] 홉스는 이렇게 형성되는 정치적 공동체를 코먼웰스(Commonwealth)라고 일컬었으며, 성경 욥기에 나오는 거대한 괴동물인 리바이어던의 이미지를 빌어 코먼웰스에 부여된 권한의 절대성을 강조했다. 천상에 "영원불멸의 하느님"(immortal God)이 있다면, 신의계약에 의해 수립된 코먼웰스는 유한한 생명을 가진 "지상의 신"(mortal god)인 리바이어던인 것이다.

"만인에 대한 만인의 투쟁"이라는 홉스의 암울한 인간관은 그의 생애와 그가 살았던 시대를 살펴보면 충분히 잘 이해할 수 있다. 그는 가톨릭 근본주의자인 에스파냐의 펠리페 2세(Felipe II)가 눈엣가시 같았던 신교도 엘리자베스 여왕을 처단하기 위해 무적함대로 영국을 침략했던 바로 그해, 1588년에 태어났다. 홉스가 말년에 라틴어로 쓴 자서전에 따르면 그의 어머니는 무적함대가 쳐들어온다는 소문을 듣고 크게 놀라서 조산을 했다고 한다. 홉스의 말대로 그의 어머니는 훗날 '이성의 철학자'가 될 홉스 자신뿐만 아니라 그가 평생 벗어나고자 했던 공포를 함께 출산한 셈이다. 성인이 된 후 홉스는 왕과 국교를 중심으로 왕권을 강화하려 한 왕당파와 의회를 통해 시민의 권리를 옹호하는 의회파 사이의 극심한 대립과 전쟁을 경험하며 공포의 시대를 벗어날 이성적 묘책을 궁리해야만 했다.

홉스의 이야기는 이 책이 제기하는 핵심 질문과 연결된다. 홉스 같은 근대의 기획자들이 생각한 것처럼 자연은 실제로 항구적인 전쟁 상태일까? 근대의 대표 브랜드인 민주공화정은 각자의 이익을 추구하는 합리적인 개인 간의 신의계약을 통해 성립된 것이 아니라, 의사결정 과정에 더 큰 영향력을 행사할 수 있는 소수 엘리트 집단의 이해를 대변할 수밖에 없는 한계를 태생적으로 안고 있는 것이 아닐까? 폭력으로 점철된 근대의 전개 과정을 어떻게 이성이란 독립변수에 의해 진보라는 종속변수가 결정되는 단순 일차함수로 설명할 수 있는가? 인간의 본성을 포함하는 자연적 상태와 근대사회의 성격을 어떻게 바라보느냐에 따라 현재 우리가 해법을 찾지 못하고 있는 여러 구조적 차원의 문제들이 제대로 파악될 수도 있지만, 세분화된 분과학문의 전통적인 방법으로는 그 해답의 실마리를 쉽게 찾을 수 없다.

인지과학자들의 연구에 따르면 인간은 자신을 실제보다 훨씬 더 현명한 존재로 생각하는 경향이 있다. 우리가 이러한 "지식의 환상"을 갖게 되는 이유는 사회적 존재로서 인간이 집단적으로 보유하고 있는 지식을 마치 각 개인이 소유하고 있는 지식처럼 느끼기 때문이라고 한다.[23] 오래 전에 데카르트는 『방법서설』에서 이러한 지식의 환상을 재치 있게 비꼰 바 있다. "양식(良識, bon sens)은 이 세계에서 가장 공평하게 분배되어 있다. 왜냐하면 누구나 자신이 그것을 충분히 가졌다고 생각하므로, 다른 모든 일에는 좀처럼 만족하기 어려운 사람들조차도 양식에 대해서만큼은 보통 자기가 가지고 있는 것 이상을 바라지 않기 때문이다."[24]

만약 집단적 지식이 개개인 모두에게 골고루 전파된 사회라면, 현명한 개인들에 의해 다수의 이익에 부합하는 사회적 선택이 이루어질 수 있을 것이다. 그러나 근대 초기부터 오늘날까지 반복해서 벌어지고 있는 많은 비합리적인 사회현상을 냉정한 분석자의 시각으로 살펴보면, 가시적인 폭력에 의해 질서가 유지되던 이전 시대보다 오늘날 우리가 얼마나 더 합리적이고 민주적인 세상을 살고 있는지 의문을 품게 된다.

두 번째 질문: 자연생태계의 자원 배분은 민주적인가?

거미가 자신의 생존을 위해 파리를 잡아먹는 것은 정복자가 자기에게 주어진 몫 이상을 타인으로부터 수탈하기 위해 피지배자에게 강요하는 '내적인 죽음'과 어떻게 다를까? 민주주의란 용어를 인간을 포함한 모든 생물 사회에서 이루어지는 자원 배분에 적용할 수 있다면, 자연생태계와 인간 사회, 둘 중 어느 곳에서 자원의 배분이 더 민주적으로 이루어질까? 이러한 질문에 제대로 답하기 위해서는 경쟁과 공존에 대한 다양한 생태학 이론을 살펴볼 필요가 있다.

섣부른 일반화의 오류를 경계해야 되겠지만, 승자 독식보다는 다수의 공존이 더 일반적인 자연에서 다수의 이익을 향상시키는 쪽으로 민주적인 자원의 배분이 이루어진다고 볼 수 있다. 물론 자연생태계에서도 강자가 약자를 제압하고 일시적으로 제한된 자원을 독차지하는 승자 독식의 경쟁적 관계를 관찰할 수 있다. 제한적인 자원을 두고 경쟁하는 개체들 중에 주어진 환경 조건에 더 잘 적응할 수 있는 개체가 살아남는 것을 찰스 다윈은 '자연선택'(natural selection) 개념으로 설명하였다. 그런데 약자가 항상 경쟁에 져서 완전히 도태된다면 지구상에는 소수의 강자만이 살아남게 되었을 것이다. 그러나 실제로는 장구한 진화 과정에서 생물다양성은 감소하지 않고 증가하였다.

경쟁에 유리한 개체와 생물종이 그렇지 못한 개체와 생물종을 도태시키는 '경쟁배제'(competitive exclusion)의 원리만으로는 생물다양성의 증가를 설명할 수 없다. 이러한 진화의 패러독스를 이해하기 위해 생태학자들은 경쟁 이면에 숨겨진 공존의 비밀을 찾고 있다. 생물들 간에 발생하는 다툼의 원인은 분명하다. 먹이, 물, 햇빛, 공간 같은 자원이 부족해지면 그 자원을 얻기 위한 생물 사이의 다툼이 심해진다. 하지만 어떤 생물이 서식지 내에서 다른 생물이 넘볼 수 없게 자기만의 고유한 자리를 차지한다면 경쟁을 피하거나 어느 정도 완화시키는 것이 가능할 것이다. 이것이 바로 생태적 니치(niche) 개념이 의미하는 바이다. 니치가 다르면 한 나무에도 먹이나 다른 서식 조건이 비슷한 여러 종의 새들이 둥지를 틀 수 있다. 예를 들어 같은 나무라도 줄기의 수직적 위치에 따라 주로 서식하는 새의 종류와 그 먹이가 약간씩 다르다면, 즉 니치가 분화(differentiation)되어 있다면, 다른 종의 새들이 한 나무에서 공존할 수 있다.

생태학자들은 니치의 분화 외에도 다른 종의 생물들이 공존하는 다양한 방법에 대해 연구하고 있다. 예를 들어 로버트 페인(Robert T. Paine)은 포식자가 많은 해변의 조간대 생물군집이 포식자가 적은 군집보다 종다양성이 더 높다는 사실을 발견했다.[25] 페인이 관찰한 조간대 군집에서 상위 포식자인 불가사리는 여러 먹이 중에서 특정한 종의 먹이를 선택적으로 포식한다. 불가사리가 의도한 것은 아니지만, 불가사리에게 먹힌 종의 개체수가 줄게 됨에 따라 그 종과 경쟁 관계에 있던 열세한 종들이 도태되지 않고 살아남을 확률이 높아지게 된다. 니치 분화가 같은 영양단계에 있는 생태적 조건이 유사한 종들 사이의 경쟁 회피 전략이라면, 포식은 먹이그물의 위로부터 아래로(top-down) 강제된 경쟁 조절 작용이라고 볼 수 있다.

3장에서는 니치 분화나 포식자에 의한 경쟁 완화처럼 비교적 좁은 공간에서도 다수의 종이 공존할 수 있게 하는 자연생태계의 갈등 조절 과정을 살펴본다. 애덤 스미스가 얘기한 시장을 작동시키는 보이지 않는 손처럼, 다양한 종들의 공존을 가능하게 하는 자연생태계의 비밀을 몇 가지 생태학적 개념과 원리를 중심으로 탐색한다. 공존의 원리로 가장 많이 연구된 니치 분화와 핵심종(keystone species)의 포식에 의한 경쟁 완화 외에도 중립이론 같은 최신 생태학 이론에 대해서도 살펴본다. 앞서 네 번째 질문을 소개할 때 언급한 것처럼, 이후 5장의 [생태학 노트 2]에서는 자연생태계의 공존 전략과 생물다양성의 배경이 되는 에너지 이론을 소개하고, 6장의 [생태학 노트 3]에서는 생태계의 자율 구성과 관련된 최신 연구 사례들을 살펴볼 것이다.

세 번째 질문: 거미와 콩키스타도르는 어떻게 다른가?

근대 자본주의 체제는 상인들의 합리적인 이윤 추구보다는 정복자의 폭력적인 수탈에 더 의존했던 것이 아닐까? 이 질문에 답하기 위해 4장에서는 근대 초기의 신흥 지배세력인 에스파냐의 콩키스타도르와 그들보다는 덜 직접적이지만 여전히 폭력적인 방식으로 식민지 교역을 확대해 부를 축적한 '상인 콩키스타도르' 얘기를 통해 근대사회가 지닌 폭력성의 역사적 맥락을 살펴보고자 한다. 여기에서는 먼저 중세에서 근세로 이어지는 전환기의 사회경제적 배경을 짚어본다.

15~16세기 유럽은 마치 대지진이 발생해 땅이 흔들리는 것처럼 정치 지형과 시장의 판세가 요동치고 있었다. 1540년에 독일 비텐베르크(Wittenberg)의 수학 교수 레티쿠스(Georg Joachim Rheticus)가 코페르니쿠스의 지동설에 관한 최초의 보고서를 출간했을 때, 새로운 과학적 발견은 단순히 종래의 프톨레마이오스(Ptolemaios) 천동설에 의문을 제기하는 데 그치지 않고 중세의 기독교적 세계관을 근저에서부터 뒤흔들었다.[26] 이후

루터와 칼뱅 같은 종교 개혁가들은 부패한 교회 권력에 저항하며 신흥 시민계급과 연합전선을 구축했다. 대국의 군주, 지방의 영주, 그리고 도시의 상인들이 종교적 명분과 현실적 실리를 변수로 하는 복잡한 함수에 따라 피비린내 나는 종교전쟁을 시작했다.

한편 15세기까지 동방무역을 통해 지중해를 중심으로 한 유럽 시장을 장악하고 있던 이탈리아의 상인들은 동쪽의 이슬람 세력이 황금알을 낳던 아시아 교역을 봉쇄하자 큰 위기에 직면하게 된다. 소아시아를 정복했던 군주 오스만 1세(Osman I)의 이름을 본떠 자신들을 오스만인이라고 부르던 터키인들이, 1453년에 동로마제국의 수도 콘스탄티노플을 급습해서 오스만 제국의 수도 이스탄불로 만들어버린 것이다. 오스만의 맹주 쉴레이만(Schuleiman)은 헝가리와 빈을 침략하는 등 합스부르크 왕가를 끊임없이 위협했다. 이러한 이슬람 세력의 위협에 대비해야 했기 때문에 독실한 가톨릭 군주 카를 5세(Karl V)는 신교도의 도전을 강력하게 응징할 수 없었다.

제네바와 베니스의 상인들이 육로가 막혀 큰 재정적 손실을 겪고 있었을 때, 유럽 대륙의 서쪽 변방에서는 유럽 정치 지형의 대격변을 초래할 새로운 강자가 등장했다. 이베리아 반도의 소국 카스티야(Castile)와 아라곤(Aragon)은 왕실의 정략결혼으로 에스파냐 통일의 기틀을 다진 후, 1492년에 수백 년간 그들을 지배했던 이슬람 세력의 잔재를 그라나다에서 축출했다. 같은 해에 카스티야왕국의 이사벨 여왕(Isabel I)의 후원을 받은 콜럼버스는 실수로 신대륙을 발견했으며, 포르투갈의 '해양왕' 엔히크 왕자(Infante Dom Henrique)의 지원을 받은 바스쿠 다가마(Vasco da Gama)는 아프리카를 돌아서 인도로 가는 항로를 개척하여 육로가 막힌 동방무역의 숨통을 틔웠다. 유럽 경제의 중심이 이제 지중해에서 대서양으로 옮겨진 것이다. 이탈리아가 15세기까지 유럽 정치와 경제의 중심 무대였다면, 16세기부터는 유럽 정치와 경제의 무게중심이 북쪽의 대서양 연안 국가들로 옮겨가게 된다. 카를 슈미트가 말한 대로 "땅의 힘에 대한 대양의 힘의 투쟁"이 본격화된 것이다.[27]

16세기 대서양 시대의 시작은 곧 근대의 시작이었으며, 그 중심 무대가 된 대서양 연안의 에스파냐, 프랑스 및 영국에서 비슷한 정치적 변화가 일어났다. 아시아와 아메리카의 식민지로부터 막대한 부가 이들 나라의 왕가와 시장으로 흘러들었다. 부와 권력이 궁정에 집중되면서 국왕은 봉건귀족을 제압하여 정치적 안정을 이룰 수 있었고, 증가한 경제력을 바탕으로 국민경제의 발전을 도모했다. 이러한 초기 국가 형성 과정의 유사성에도 불구하고 이후 유럽의 국가들은 각자 고유한 발전 경로를 밟으며 경쟁과 대립을 반복한다.

같은 유럽에서도 근대화의 대열에 늦게 합류한 독일은 영국이나 프랑스 같은 선발주자와는 다른 독자적인 행보를 보였

다. 하인리히 하이네가 「독일, 어느 겨울 동화」에서 노래한 것
처럼, "프랑스와 러시아가 땅을 지배하고, 영국이 바다를 지배
하고 있지만" 독일인들은 그 누구도 넘볼 수 없는 "꿈의 하늘 왕
국"(Luftreich des Traums)을 정복하고자 했다.[28] 독일에서
1999년에 처음 출간된 후 오랫동안 베스트셀러 목록에 올랐던
인문학 서적 『사람이 알아야 할 모든 것: 교양』의 저자 디트리히
슈바니츠(Dietrich Schwanitz)는 이들 유럽 국가의 민족적 기질
과 철학의 차이를 다음과 같이 재치 있게 묘사했다.

> 영국인들은 민주주의 국가를 가지고 있고 경험주의자다. (그들은 모든
> 것을 판단할 때 경험에 기초한다.) 프랑스인들은 중앙집권 국가를 가지
> 고 있으며, 데카르트처럼 합리주의자다. 독일인들은 국가도 경험도 가
> 지고 있지 않다. 그래서 그들은 사색(성찰)의 길로 나아가 이상주의자가
> 되었다. (독일인들에게는 모든 현실이 정신적이다.)[29]

이후 유럽 강국들 간의 세력 균형은 계속해서 변하게 되지만,
16세기는 분명 에스파냐의 시대였다. 척박한 땅 카스티야의 전사
들이 이베리아 반도뿐만 아니라 대서양을 넘어 아메리카 대륙까
지 급격히 세력을 확장한 것을, 한 가지 요인만으로 설명할 수는
없을 것이다. 그러나 에스파냐 내부의 열악한 환경과 부족한 자
원과 비교하면, 아메리카의 신대륙은 탐욕과 무력을 갖춘 콩키스

타도르에게는 분명히 기회의 땅이었다. 생태적 한계에 봉착한 유럽을 벗어난 식민지 개척자들은, 마치 천적이 없는 외래 침입종이 기하급수적으로 서식지를 넓혀나가는 것처럼 단시간 내에 자신들의 세력을 확장할 수 있었다. 에스파냐 정복자가 전광석화처럼 신대륙을 정복해간 과정은 생태학자가 아메리카 대륙에서 외래 침입종이 확산한 과정을 연구한 결과와 유사한 양상을 보인다(4장 부록 [생태학 노트 1] 참조). 그러나 이러한 세력 확장이 무한정 지속될 수는 없었다. 이후 중남미의 역사에서 확인할 수 있듯이, 에스파냐 정복자와 인디오 간의 착취적 관계는 한쪽의 이익을 위해 다른 쪽의 생존 욕구를 억압하는 주인과 노예 사이의 예속적 관계로 볼 수 있다.

15세기 말 에스파냐가 세계사의 전면에 등장하게 된 것은 몇 가지 우연이 겹친 결과로 볼 수 있다.[30] 카를로스 푸엔테스(Carlos Fuentes)가 『라틴 아메리카의 역사』에서 말한 것처럼, 1492년은 에스파냐의 역사뿐만 아니라 세계사에서도 "결정적인 해"로 기록될 수밖에 없다.[31] 그해에 이탈리아인 선원 콜럼버스가 애초에 목표했던 중국과 인도 대신 뜻하지 않게 아메리카 대륙을 발견했을 뿐만 아니라, 콜럼버스의 원정을 지원한 이사벨 여왕과 그 남편인 아라곤의 페르디난도(Ferdinando)가 그라나다를 탈환했다. 이는 700년 넘게 이베리아 반도를 지배했던 이슬람 세력을 완전히 몰아내고 통일 에스파냐의 초석을 다지게 된 결정적인 사건이었다.

기독교도에 의한 이베리아 반도의 재정복은 그곳에 오랫동안 뿌리내려 살고 있던 유대인들에게는 비극의 시작이었다. 이사벨 여왕은 가톨릭 이외의 모든 종교를 철저히 탄압했으며, 가톨릭으로 개종했으나 유대교의 전통을 따르던 많은 에스파냐의 마라노*들은 포르투갈로 쫓겨났다. 17세기 초, 포르투갈에서도 추방당한 많은 마라노들은 당시 타 종교에 대해 관용적인 정책을 펴던 네덜란드로 이민을 떠나게 되었다. 이러한 네덜란드의 유대인 이민자 사회에서 태어나고 자라났으나 무신론자라는 죄목으로 유대인 사회에서도 추방당하고 마는 스피노자는, 유럽이 주도한 근대적 질서의 모순과 혼돈을 자신의 개인사 속에 구현하고 있다.

18세기 이후 근대사는 급변했다. 절대왕정은 힘을 잃었고 부르주아 혁명으로 유럽과 북미 대륙에는 대의제 민주주의가 자리잡았다. 일견 계몽주의자들의 이상이 실현된 것 같지만, 계몽주의자들이 꿈꾸었던 것처럼 민주적인 정치권력에 의해 합리적인 자원 배분이 이루어지는 사회가 도래한 것은 아니다. 네덜란드와 다른 유럽 제국주의 국가의 상인들은 과거 에스파냐 콩키스타도르보다는 좀 더 교묘한 방식으로 폭력을 사용해서 세계의 부를 지속적으로 착취한다.

---

* 돼지라는 뜻으로 그리스도교로 개종한 유대인을 조롱해서 부르던 말

근대 유럽의 '상인 콩키스타도르'의 적응력과 변장술은 뛰어나다. 그들의 후예들은 여전히 유럽과 미국의 메트로폴리스를 지배하고 있다. 부의 네트워크는 더 확장되었으며 그들의 돈벌이 기술은 더욱 정교해졌다. 그러나 언제까지 이러한 부의 축적과 편중이 지속될 수 있을까? 5장에서는 몇 가지 현대적 사례를 들어 21세기 자본주의 세계체제가 안고 있는 지속가능성의 위기를 지적한다.

네 번째 질문: 자연에서 대안적인 자원 배분의 원리를 찾을 수 있을까?

풍속화가 윌리엄 호가스(William Hogarth)는 산업혁명이 본격화되는 18세기 영국 사회의 배금주의 문화를 풍자적으로 묘사한 그림으로 유명하다. 도덕적으로 부패한 부르주아지의 결혼 풍속을 풍자한 그의 <계약결혼> 연작은 오늘날의 막장드라마보다도 더 자극적인 내용을 담고 있다. 부모의 강요에 의해 계약결혼을 한 부부는 맞바람을 피우며 서로를 속인다. 남편은 정부와 놀아나고 아내는 아이도 돌보지 않고 집 안에서 불륜남과 파티를 벌인다. 아내의 불륜을 알게 된 남편이 불륜남을 살해하면서 막장드라마는 비극적 결말을 맺는다.

당대 배금주의 사회에 대한 호가스의 풍자는 남해회사(South Sea Company) 버블을 주제로 그린 그림에서 그 절정을 보여준다(**그림 2**). 18세기 최대의 경제 버블 사태를 초래한 남해회사는 1711년에 민간-국영 합작 주식회사로 설립되었다. 영국 정부는 당시 천정부지로 증가하고 있는 국가의 빚을 줄이기 위한 방편으로 남아메리카 교역의 독점권을 부여한 남해회사 설립을 추진했다. 당시 에스파냐가 남아메리카의 교역 시장을 장악하고 있었기 때문에 영국 회사가 교역을 통해 실질적인 이익을 보리라고 기대한 사람은 없었다. 단지 정부의 특혜를 받는 기업임을

그림 2 <남해회사 버블>, 윌리엄 호가스의 1721년 판화

내세워 주식시장의 기대심리를 자극해서 회사 주식가치를 부풀리고, 이를 통해 정부의 채무를 탕감하겠다는 심산으로 추진한 일이었다.

1720년에 루머로 촉발된 투기 광풍이 불었을 때, 남해회사의 주식은 10배 가까이 뛰어올랐다. 내부자 정보를 입수한 정부의 고위관료와 귀족들이 시장가보다 낮은 가격으로 주식을 대량 매입했으며, 소문을 듣고 뒤늦게 뛰어든 일반 대중은 터무니없이 비싼 가격으로 주식을 사들였다. 그러나 노예무역 외에는 특별한 수입원이 없던 회사의 주식은 금세 폭락했다. 그 후 수많은 일반 투자자가 큰 피해를 입었을 뿐 아니라 영국 경제 전체가 휘청거릴 만큼 후폭풍이 거셌다. 아이작 뉴턴도 당시 돈으로 22,000파운드에 달하는 거금을 들여 남해회사 주식을 사들였던 터라 큰 손실을 입었다고 알려져 있다. "별의 운동은 계산할 수 있어도, 인간의 광기는 예측할 수 없다"는 뉴턴의 말은 호가스의 그림에 묘사된 돈벌이 욕심에 눈이 멀어 투기 광풍에 내몰린 대중의 모습에서도 잘 확인된다.

투자자를 돈벌이 욕심에 눈멀게 하여 도저히 이성적으로 설명할 수 없는 광기에 사로잡히게 만드는 자본주의의 마력은 어디서 생기는 것일까? 인간은 보이지 않는 손에 이끌려 이익이 생기는 곳을 향해 맹목적으로 돌진하는 경제적 동물이며, 자본주의는 인간의 욕구를 가장 잘 실현할 수 있는 최선의 '인간적인' 경제체제인가? 그러나 그 출발점부터 현재의 모습까지 자본주의 세계 경제체제는 항상 소수가 다수를 희생시키는 지극히 비민주적인 적자생존 시스템임을, 수많은 역사적 사례가 입증해왔다. 16세기 이후 유럽이 주도한 자본주의 세계 경제가 지속적으로 성장할 수 있었던 것은 제3세계의 프런티어로부터 값싼 자원과 노동력을 조달받을 수 있었기 때문이다. 프런티어의 "값싼 자연"이 사라진 21세기에는, 자본주의의 한계가 반복되는 경제 위기로 나타나고 있다. 독점으로 귀결되는 자본주의적 자원 배분 방식의 피해를 줄이거나 대체할 수 있는 대안적인 자원 배분 원리는 어디서 찾을 수 있을까?

이 마지막 질문에 답하기 위해서 6장에서는 자연의 '보이지 않는 손'이 어떻게 인간 사회의 구성원리로 활용될 수 있을지 모색해본다. 야외나 실험실에서 자연생태계의 자율구성을 탐색한 최신 연구를 살펴보면, 한 가지 공통적인 현상이 눈에 띈다. 경쟁배제의 원리에 따르면, 자원이 부족할 때 주어진 조건에 더 잘 적응할 수 있는 종이 그렇지 못한 종과의 경쟁에서 항상 승자가 되어야 한다. 그러나 이러한 경쟁배제는 종종 국지적이거나 일시적인 현상에 그친다. 아무리 좁은 실험실의 미소생태계(microcosm)에서도 생물들은 경쟁을 피해 자신들만의 생태적 니치를 얻거나 경쟁이 없는 무리를 이루는 등 다양한 공존 전략을 선보인다. 다양한 종이 공존하면서 생태계의 생물다양성이 증가하는 현상을 생태학자들은 주어진 환경 조건에서 에너지의 흐름이나 에너지 사용으로 생겨난 엔트로피가 최대로 증가하는 '자연적' 경향으로 설명한다.

이러한 자연의 자율구성 원리에 비추어볼 때, 근대 자본주의 체제의 독점화 경향과 불평등 심화는 '비자연적'이며 '비합리적'인 현상으로 볼 수 있다. 6장 후반부에서는 생태계의 자율구성과 스피노자의 '절대민주주의' 사상에 기초해 구성원 모두가 공존할 수 있는 진정으로 '이성적'인 사회를 이루는 방안에 대해 논의한다. 이러한 논의를 통해 자연의 자원 배분 원리가 어떻게 자본의 축적과 독점을 추구하는 현 세계 경제체제의 모순을 극복하는 대안이 될 수 있을지 생각해본다. 생태계의 자율구성과 인간 사회의 협력에 대한 최신 연구 결과를 살펴봄으로써 특히 어떤 환경 조건에서 제한된 자원을 공유하며 공존하는 협력자가 많아질 수 있는지에 대해 주목하고자 한다. 결론에서는 자연에서 배운 공존 전략이 프런티어가 소멸하며 위기가 심화되고 있는 자본주의적 경쟁체제의 대안이 될 수 있다는 희망의 메시지를 전하고자 한다. 6장의 마지막에는 독자가 풀어야 할 과제 하나를 제시한다. 화성 식민지라는 가상적인 상황에서 독자 스스로 대의제 민주주의의 한계를 극복할 새로운 사회계약을 작성해야 하는 어려운 과제다.

시도된 적이 없는 새로운 일을 진행하면서 여러 학문 분야의 다양한 주제를 다루다 보니 책의 구성이 복잡해졌다. 방금 소개한 네 가지 질문이 이어달리기 경주에 참여한 선수들처럼 책 전체의 줄거리를 잘 이어주는 안내자 역할을 할 수 있기를 바라며, 다음 장에서 근대 초기로 달려갈 첫 선수에게 바통을 넘긴다. 2장에서는 이 책의 중심인물인 스피노자가 살았던 시대에 펼쳐진 역사 드라마의 주요 장면 속에서, 어떻게 이성이 폭력적 현실에 맞서 힘겨운 싸움을 벌였는지 살펴본다.

2
스피노자의 시대

부르주아의 시대는 자신의 발생 속에 발전과 위기의
맹아를 모두 담고 있다. 스피노자는 파격이며, 우리
에게는 귀중한 야성적 부정, 즉 부르주아의 억압적인
태생적 질서에 대한 부정이다. 스피노자가 오늘날 현
대적인 것은 당연하게도 그가 모든 근대적 사고의 적
대자이기 때문이다.

- 안토니오 네그리(Antonio Negri),

『전복적 스피노자』

1632년생

세상에 이름이 널리 알려졌지만 그 사람의 인생 자체는 베일에 가려져 신비화되는 경우가 있다. 스피노자가 좋은 예이다. 철학자 강신주는 서양철학사가 대홍수로 휩쓸려가는 위기에 처할 때 단 한 사람의 철학자만 구할 수 있다면 제대로 된 인문주의자는 스피노자를 구할 거라고 말했다.[1] 이처럼 스피노자는 "철학자들의 철학자"로 존경받고 있다. 스피노자의 팬클럽에 철학자만 있는 것은 아니다. 스피노자는 무신론자라는 이유로 소속된 유대교 공동체에서 파문을 당했지만, 아인슈타인은 자신은 스피노자의 신을 믿는다고 말했다. 심지어 그는 "얼마나 그 고귀한 사람을 사랑하는지"를 고백한 시를 쓰기도 했다.[2] 스피노자는 평생 독신으로 살며 렌즈 세공하는 일로 생계를 유지하면서 인간의 이성과 자유에 대해 천착하였다. 렌즈를 깎으면서 마신 유리 가루가 폐에 쌓여 40대의 이른 나이에 숨을 거둘 때까지, 그는 성자처럼 고귀한 철학자의 삶을 살았다. 백석 시인이 노래한 "가난하고 외롭고 높고 쓸쓸한" 삶의 전형을 "프랑시쓰 쨈과 도연명과 라이넬 마리아 릴케"[3]뿐만 아니라 스피노자에게서도 찾을 수 있다.

스피노자가 태어난 1632년은 서양 근대사에 이름을 남긴 인물이 여럿 태어난 특별한 해다. 그해 미생물학의 아버지로 불리는 안톤 판 레이우엔훅(Antonie van Leeuwenhoek)이 네덜란드 남부 지역에 위치한 델프트(Delft)에서 출생했다. 레이우엔훅도 스피노자처럼 상인이었다. 장사를 그만두고 렌즈를 깎으며 철학에 전념한 스피노자와 달리, 레이우엔훅은 생계를 위해 포목상일을 계속하며 취미로 현미경 만드는 일에 매진했다. 그는 당시에 누구도 만들 수 없었던 최대 500배의 고배율 현미경을 개발해서, 그때까지 누구도 본 적 없는 미생물의 세계를 직접 관찰한 최초의 상인 과학자가 되었다.

레이우엔훅이 태어난 지 일주일 후, 델프트에서 이번에는 17세기 네덜란드 황금시대를 대표하는 화가 한 사람이 태어났다. 바로 <진주 귀걸이를 한 소녀>를 그린 베르메르(Johannes Vermeer)다. 그는 살아 있는 동안에는 화가로 큰 명성을 얻지 못했지만, 오늘날에는 당대 서민의 일상을 엿볼 수 있는 독특한 인물화를 그린 화가로 널리 알려져 있다. 인구 2만 명의 소도시에서 나름 유명인사로 산 두 사람이 서로 알고 지냈을 가능성은 매우 높지만, 이를 확인할 수 있는 기록은 없다. 최근에는 레이우엔훅이 베르메르가 그린 <천문학자>나 <지리학자>의 모델이었을 거라는 주장이 제기되기도 했다. 그러나 그림 속 인물과 레이우엔훅의 외모가 전혀 닮지 않아 이 주장의 신빙성이 그리 높아 보이지는 않는다.

같은 해 영국 땅에서는 훗날 자유주의의 아버지라 불리게 되는 존 로크가 태어났다. 6장에서 그의 자유주의 사상에 대해 다룰 것이다. 대니얼 디포(Daniel Defoe)의 소설 속 가상 인물이지만 로빈슨 크루소도 1632년에 태어난 영국인이다. 소설은 "나는 1632년 요크 시의 한 좋은 가정에서 태어났다"라는 문장으로 시작한다.[4] 스피노자가 암스테르담의 유대인 상인 집안에서 출생했을 때, 로빈슨 크루소는 요크 시의 좋은 상인 가정에서 태어난 것이다.

17세기 초는 서유럽의 상인에게 좋은 시대였다. 월러스틴(Immanuel Wallerstein)은 브로델(Fernand Braudel)의 세기 구분을 참고하여 1450년에서 1640년경에 이르는 '장기 16세기'에 자본주의적 생산양식에 기초한 '유럽 세계경제'의 근간이 형성된 것으로 보았다.[5] 일본의 경제학자 미즈노 가즈오는 '장기 16세기'의 개막을 자본 증식을 위한 공간 이전으로 설명한다.[6] 그의 설명에 따르면, 15세기까지 유럽 경제의 중추 역할을 했던 지중해 지역은 자본의 자기 증식을 어렵게 하는 '닫힌 공간'이 되었으며, 이 '닫힌 공간'을 타파하기 위해 포르투갈과 스페인을 필두로 한 대서양 연안 제국들의 대항해 시대가 시작된다. 1632년 즈음은 월러스틴이 말한 '장기 16세기'의 후반부로서, 근대의 물적 토대가 형성되는 과정을 이해하는 데 중요한 시점이다. 1632년 전후에 유럽에서 일어난 일들을 살펴보면, 스피노자의 삶과 철학뿐만 아니라, 이성과 공포가 공존한 근대사의 모순을 이해하는 데 도움이 될 역사적 맥락을 파악할 수 있다.

1628년, 밤베르크의 마녀사냥

월러스틴의 '장기 16세기'는 중세 봉건제 사회가 근대적 세계경제 체제로 교체되는 과도기였다. 따라서 이 시기에는 사회경제 시스템뿐만 아니라 기성 질서를 유지시키던 종교와 문화도 큰 변화를 겪게 된다. 무엇보다 루터파, 칼뱅주의자, 청교도 등 각종 신교 분파는 중세적 질서에 이념적 정당성을 부여하던 가톨릭 교회의 권위에 가공할 위협이 되었다. 17세기에 들어와 가톨릭과 신교 간의 갈등은 더욱 심화되어 유럽 전역에서 종교전쟁이 수십 년간 지속되었다.

에스파냐의 가톨릭 군주에 저항하여 독립전쟁을 펼친 네덜란드도 칼뱅주의자가 주도한 종교전쟁을 펼친 셈이다. 영국에서는 가톨릭을 복권하고자 하는 찰스 1세와 개신교 의회파의 대립으로 시민전쟁이 발발했다. 왕당파의 지지 기반이 귀족과 농촌 지역이었던 것과 달리, 수도 런던을 중심으로 상인과 수공업자들은 일부 신사계급(Gentry)과 연합하여 크롬웰(Oliver Cromwell)이 이끄는 의회파를 지지했다. 마침내 의회는 국민 주권의 원칙을 선언하고 국왕을 반역죄로 고발하여 사형 판결을 내린다. 1649년 1월 30일, 찰스 1세의 목에 도끼가 휘둘러졌을 때, 영국인은 재판을 통해 군주를 처형한 최초의 신민이 되었다. 영국에서 유럽의 다른 지역보다 뒤늦게 치러진 종교전쟁이 유럽 최초의 시민혁명이 된 것이다.

종교전쟁이 가장 극심했던 곳은 독일 지역이었다. 1618년에서 1648년까지 계속된 '30년 전쟁'으로 수많은 사람이 죽고, 살아남은 사람들은 전쟁의 공포에 시달리게 된다. 전쟁으로 인해 1,800만 명에 달하던 전체 인구가 700만 명 정도로 급감했다고 추정된다.[7] 참혹한 전쟁에서 살아남은 생존자가 얼마나 전쟁 트라우마에 시달렸을지 쉽게 상상이 간다. 디트리히 슈바니츠는 이러한 전쟁 트라우마가 타인과의 의사소통보다는 내면적 성찰을 중요시하는 독일 문화의 특징을 형성했다고 주장하며, 독일 철학과 음악을 증거로 제시한다.[8] 30년 전쟁의 결과 독일은 300여 개의 소국으로 쪼개져서 향후 두 세기 이상 통일된 근대적 국가로 발전하지 못하고, 다른 유럽 제국과의 식민지 쟁탈전에서도 완전히 밀려나게 된다. 전후 독일 땅에는 가톨릭과 신교가 지배적인 지역이 복잡하게 뒤섞여 존재했다. 예를 들어, 독일 남부의 바이에른은 전체적으로 가톨릭 지역이 되었지만, 지역의 도시마다 주도적인 종교 세력이 달랐다. 바이에른 북쪽의 바이로이트는 신교도의 땅이었지만 바로 옆의 밤베르크는 가톨릭 주교국이 되는 식이다.

독일의 30년 전쟁은 17세기의 혼란이 가톨릭과 신교 간의 종교 갈등뿐만 아니라 왕권과 봉건 영주 및 부르주아지 사이의 권력 다툼이 중첩된 복합적인 문제임을 잘 보여준다. 사회적 갈등이 고조되면 종교적 근본주의가 만연하게 되는 법이다. 종교적 대립이 심해지면서 종교재판과 마녀사냥이 빈번해졌다. 중세적 현상으로 생각하기 쉬운 마녀사냥이 최고조에 이른 때도 바로 17세기다.[9] 마녀사냥은 유럽 전역에서 일어났지만, 특히 심했던 곳이 독일 땅이었다. 스피노자가 태어나기 3년 전인 1629년, 인근 독일의 프로스네크(Prossneck)에서 마녀 혐의로 체포된 한 여인에게 자행된 열 가지 고문에 대한 기록을 보면, 마녀사냥의 잔혹상에 치를 떨게 된다. 무고한 사람으로부터 마녀라는 자백을 받아내기 위해 심지어 머리에 알코올을 붓고 불을 붙이는 식의 잔혹한 고문이 가해졌다.

16세기 후반 에스파냐의 왕이면서 동시에 포르투갈의 왕이기도 했던 펠리페 2세는 그 어떤 선대의 왕들보다 열렬한 가톨릭 군주였다.[10] 그는 때로는 독실함을 넘어 광신도 같은 행동을 저지르기도 했다. 세 번째 왕비인 엘리자베스(Elizabeth de Valois)와 결혼한 직후에는 재미삼아 새 왕비와 함께 종교재판에 참석하기도 했다. 부부가 참석한 종교재판에서 유죄 선고를 받은 24명의 이교도가 화형장으로 끌려갔다. 펠리페 2세는 성인들의 유물에는 성스러운 힘이 깃들어 있다고 믿고 많은 유물을 수집하기도 했다. 그는 죽을 때까지 7,000여 점에 달하는 유물을 가지고 있었는데, 그중에는 성인 144명의 두개골과 뼈 조각이 있었다고 한다. 펠리페 2세의 광신적인 믿음은 아버지 카를 5세와 더 거슬러 올라가서는 증조할머니 이사벨 여왕에게서 물려받은 가문의 유습으로 볼 수 있다. 그러나 더 근본적인 면에서 에스파냐 왕가의 종교적 맹신은 시대 변화에 대한 가톨릭적 구질서의 저항을 드러냈다. 즉 유럽 전역으로 교세가 확장되고 있던 개신교가 상징하는 새로운 사회에 대한 변혁 열망에 맞서 가톨릭적 구질서를 지키려는 기성 권력의 저항이 종교적 맹신의 형태로 나타난 것이다. 왕권을 정당화할 때 신의 뜻만큼 손쉬운 설명은 없었기에, 세속적 권력은 왕가의 든든한 배후가 되는 종교적 후광을 결코 포기할 수 없었던 것이다.

1637년, 튤립 피버

튤립 피버(tulip fever)는 최근의 비트코인 투기 광풍이 17세기의 튤립 투기와 비교되면서 대중들에게도 친숙한 용어가 되었다. 비록 흥행에는 실패했지만, 같은 제목의 할리우드 영화가 공교롭게도 암호화폐 문제가 대두되는 시점에 상영되면서 튤립 광풍이라는 역사적 사건을 널리 알리는 역할을 했다. 스피노자가 태어난 지 5년 되는 해인 1637년, 네덜란드에는 튤립 광풍(영어로는 tulip fever라는 말보다 tulip mania가 더 일반적으로 사용됨)이 정점으로 치닫고 있었다. 경제 버블의 원조 격인 이 사건은, 경제 주체인 개인을 합리적 존재로 가정하는 전통 경제학으로는 설명할 수 없는 인간의 비합리성을 보여주는 대표적인 사례로 자주 소개된다.[11] 튤립은 16세기 후반에 네덜란드에 도입된 후 다양한 품종이 개발되어 아름다운 모양과 화려한 색채로 사람들의 사랑을 받는다. 아주 드문 모양과 색깔을 가진 특별한 튤립 품종은 부유층만이 향유할 수 있는 신분의 상징처럼 여겨졌다. 네덜란드 부자들의 각별한 튤립 사랑은 곧 투기 광풍으로 이어졌다. 1637년에 화훼시장에서 최고가에 팔린 튤립 한 송이의 가격이, 숙련공이 버는 일 년 수입의 열 배를 넘기도 했다.

포르투갈에서 쫓겨난 스피노자의 선조는 종교적 자유를 찾아 네덜란드로 왔다. 그들은 상인이었기에 그 당시 유럽 경제의 중심지로 부상하던 암스테르담에서 경제적으로 성공하려는 욕심도 없지는 않았을 것이다. 『물질문명과 자본주의』에서 브로델이 말한 것처럼, "노련한 사업가인 유대인들은 언제나 경제적 성공이 보장되는 곳으로 모여드는" 법이다.[12] 당시 네덜란드는 경제가 빠르게 성장하였으며, 종교의 자유를 보장하고, 개방적인 이민 정책을 펴고 있었다. 따라서 유대인 이민자들이 네덜란드로 몰려든 것은 당연한 일이었다. 브로델이 평가한 것처럼, 세파르디(Sephardi)라고 불린 이들 이베리아 반도 출신 유대인들은 네덜란드에 자본주의가 발전하는 데 큰 기여를 했다.

네덜란드는 1600년이 다 되어서야 뒤늦게 포르투갈의 뒤를 이어 아시아의 식민지 개척에 나선다. 후발주자였음에도 불구하고, 네덜란드의 상인들은 암본(Ambon) 같은 몰루카 제도(Moluccas)의 향신료 섬(Spice Islands)에서 원주민들을 착취하여 얻은 육두구(nutmeg), 정향(clove) 같은 향신료를 다른 나라에 비싸게 내다 파는 방식으로 단기간에 큰 부를 축적할 수 있었다.[13] 시작은 미약했다. 에스파냐로부터 독립한 네덜란드 공화국에 아홉 명의 투자자가 '먼 나라를 위한 회사'라는 뜻을 가진 '콤파흐니 판 페러'(Compagnie van Verre)라는, 오늘날로 치면 일종의 벤처기업을 결성했다.[14] 아홉 명의 투자자는 코르넬리스 데 하우트만(Cornelis de Houtman)을 네덜란드 최초의 동인도행 무역 원정대 총지휘관으로 임명했다. 1595년 5월 12일, 하우트만의 지휘 아래 249명의 선원이 네 척의 배에 나눠 타고 암스테르담을 출항했다. 2년 4개월 후 암스테르담 항구에는 단 89명의 선원만이 뼈만 앙상한 몰골로 돌아왔다.

엄청난 인명 손실에도 불구하고 첫 번째 동인도 원정은 완전한 실패는 아니었다. 원정대가 죽을 고생을 다해서 가져온 적은 분량의 후추만으로도 투자자들은 주머니를 두둑이 불릴 수 있었기 때문이다. 네덜란드어 '페페르뒤르'(peperduur)는 '후추처럼 비싼'이라는 어원을 가지며, 현재에도 여전히 '매우 비싸다'는 뜻으로 쓰이고 있다. 네덜란드어에 남아 있는 역사의 흔적을 통해서 이전에 후추가 얼마나 귀한 물건이었는지 짐작해볼 수 있다. 후추와 같은 값비싼 향신료로 큰돈을 벌겠다고 벌떼처럼 많은 투자자가 모여들었고, 많은 상선이 머나먼 향신료 섬으로 향했다. 하우트만의 첫 번째 항해 이후 불과 4년 동안에 65척의 네덜란드 선박이 그때까지 포르투갈이 지배하고 있던 동인도의 바다를 침범해 들어갔다. 실패할 확률이 높은 위험한 투자였지만 성공할 경우 국내의 다른 사업을 통해서는 꿈도 꿀 수 없을 만큼 높은 이윤을 투자자에게 안겨주었다. 어느 19세기 네덜란드 역사가의 말처럼, "부자가 되는 것이 모두의 꿈인" 시대가 본격적으로 시작된 것이다.

동인도에서 네덜란드 선박의 수가 늘고 상인들 간의 경쟁이 심해지면서, 그에 따라 생산지의 원가가 올라가는 바람에 유럽 시장에서의 수익은 줄어들었다. 원주민과 경쟁국인 포르투갈과의 분쟁이 심해지면서 선박을 보호할 군인의 수와 화력도 증강되어야 했다. 국가의 개입이 필요한 상황이 된 것이다. 동인도에서 장사하려는 무역상들의 조합이 정부와 연합한 독특한 형태의 기업이 만들어졌으니, 바로 세계 최초의 다국적기업인 동인도회사 VOC다. 1602년에 설립된 VOC는 정부로부터 향후 21년 동안 아시아 향신료 교역을 독점할 권리를 위임받았다. 사기업이었지만 정부의 권한을 위임받아서, 필요할 경우에는 네덜란드 공화국을 대표해 외국 정부나 동인도의 원주민과 조약을 체결하거나 직접 전쟁을 치를 수도 있었다.

VOC는 동인도의 바다를 지배하여 향신료와 각종 수익사업으로 천문학적 수입을 거둬들임으로써 네덜란드의 황금시대를 이끌었다. 튤립 광풍이 정점에 도달했던 1637년에 VOC의 주식 가치는 7,800만 길더에 이르렀다. 이는 오늘날 시세로 환산하면 8

경 달러에 육박하는 것으로 추정된다.[15] 추정의 정확성이나 시대 간 단순 비교에 대해 이론이 있을 수도 있지만, 추정된 VOC의 주가 총액은 아마존이나 애플 같은 초대형 다국적 기업 20개의 가치를 합친 것과 맞먹는다. VOC는 명실상부한 다국적기업의 효시로서 세계 최초로 주식을 발행하였다. 향후 두 세기 이상 세계 교역을 장악한 VOC는 네덜란드뿐만 아니라 유럽과 전 세계의 자본주의 경제를 견인하는 선도 기업이 되었다. 마지막으로 문을 닫을 때까지 VOC의 각종 해외 사업을 통해 백만 명이 넘는 유럽인이 아시아를 찾았으며, 250만 톤의 아시아산 제품이 유럽에 수입되었다.

이전 세기에 에스파냐와 포르투갈이 대서양 시대의 서막을 열었다면, 17세기에는 네덜란드가 유럽 중심의 자본주의 세계 경제를 끌어가는 견인차 역할을 했다. 환경사학자 제이슨 무어(Jason Moore)는 1557년부터 1763년까지의 기간을 브로델과 월러스틴의 '장기 16세기'에 상응하는 '장기 17세기'로 보고, 이때 네덜란드가 단지 초기 자본주의 세계체제의 기틀을 확립했을 뿐만 아니라 해외의 "값싼 자연"(cheap nature)을 착취해서 자본-권력-자연의 '세계-생태'(world-ecology) 체제를 수립한 최초의 진정한 자본주의 국가였다고 평가한다.[16] 에스파냐 가톨릭 군주의 후원을 받은 콩키스타도르가 총칼을 휘둘러 신세계의 식민지를 착취해서 유럽의 자본주의 경제 성장에 필요한 자본금을 마련했다면, 네덜란드의 상인들은 더빗 같은 공화주의자나 왕당파 총독 가릴 것 없이 당대 정치 엘리트의 전폭적인 지지를 받으며 세계 시장을 개척해나갔다. 이 과정에서 네덜란드와 다른 유럽 국가들 간의 식민지 쟁탈전이 가열되었다. 공화주의자 더빗이 이끌던 네덜란드 공화국을 오란녀(Oranje) 파의 구체제로 복귀시킨 계기가 된 1672년에 발생한 영국과 프랑스 연합군의 침략도, 17세기 후반에 심화되고 있던 유럽 제국주의 국가 간 경쟁의 필연적인 결과로 볼 수 있다. 상업의 번영과 상인의 안전보장을 위해서 월러스틴이 얘기한 국가통제주의(statism)가 필요한 시대가 열린 것이다.

영국은 아메리카 대륙에서 에스파냐가 거둔 성공에 자극을 받아 서인도제도를 기웃거렸지만 에스파냐의 견제로 "황금의 땅"에 쉽게 발을 붙일 수 없었다. 뒤늦게 향신료 시장에 뛰어들었지만 아시아의 주요 생산지는 이미 네덜란드가 모두 장악하고 있었다. 네덜란드 입장에서는 황금알을 낳는 거위와 다를 바 없는 향신료 시장을 결코 영국에 양보할 수 없었고, 급기야는 1623년에 '암본 학살'(Amboyna Massacre) 같은 극단적인 군사 분쟁까지 발생했다.[17] 네덜란드가 장악하고 있던 몰루카 제도에서 향신료를 몰래 가져다 유럽 시장에 내다파는 위험천만한 사업을 펼치던 영국 상선의 선원들이 암본 섬에서 네덜란드 군대에 생포되어 갖은 고문을 다 받은 끝에 살해당하는 끔찍한 일이 벌어진 것이다. 이 사건을 계기로 영국에는 반네덜란드 정서가 급격히 확산되었으며 이후 네덜란드와 세 차례에 걸쳐 전쟁을 치르게 된다.

1665년에서 1667년까지 벌어진 영국과 네덜란드 간의 2차 전쟁 후 체결된 브레다 조약(Treaty of Breda)을 통해, 영국은 몰루카 제도 진출을 포기하는 대신 향후 북아메리카 식민지 개척을 위해 결정적인 교두보 역할을 하게 될 새로운 거점을 네덜란드로부터 얻게 된다. 바로 뉴암스테르담(New Amsterdam)이 뉴욕(New York)이라는 새 이름을 얻게 된 역사적 순간이었다. 금과 향신료에 열광하던 17세기 제국주의자들은 광대한 북아메리카의 잠재력을 제대로 인식하지 못했던 모양이다.

17세기에 네덜란드는 자유롭고 부강한 황금시대를 구가했다. 그러나 가톨릭과 신교 간의 종교 갈등이 심화되고 강대국들과의 전쟁이 거듭되면서 시민들은 결코 녹록지 않은 삶을 살아야 했다. '재난의 해'라고 불리는 1672년 이후에 서민의 삶이 얼마나 힘들었는지는 곳곳에 여러 기록으로 남아 있다. 스피노자와 같은 해에 태어난 화가 베르메르는 전쟁 이후의 힘든 삶을 견디지 못하고 1675년에 숨을 거두었다. 40대 초반의 이른 나이에 세상을 떠나면서 베르메르는 아내와 11명의 자식들에게 큰 빚만 남겼다.

그와 동갑내기인 레이우엔훅이 베르메르가 남긴 재산에 대한 채무 위임자로 임명되었다. 베르메르의 아내는 빚을 감면해달라며 법정에 보낸 청원서에, 베르메르가 죽은 이유를 전쟁 후 경제 위기에 따른 스트레스라고 주장하며 베르메르의 처참한 말년을 다음과 같이 묘사했다.[18]

> [······] 프랑스와 벌인 참혹한 전쟁 통에 그는 그림을 한 점도 팔 수 없었을 뿐만 아니라 거래하던 다른 화가의 작품들도 그대로 남아, 큰 피해를 입었습니다. 그 결과 자식들에게 큰 부담을 지게 했던 탓에, 그는 완전히 망가지고 피폐해졌습니다. 그런 상태가 가슴속까지 퍼져서 마치 광기에 휩싸인 것처럼 하루하고 반나절 만에 건강하던 사람이 죽음에 내몰렸습니다.

베르메르의 비참한 죽음은 '재난의 해'가 동시대를 살았던 네덜란드인들에게 초래한 공포의 강도와 어둠의 깊이를 짐작하게 한다. 2017년에 세상을 떠난 영국의 작가 존 버거(John Berger)는 발렌티너(W. R. Valentiner)의 『렘브란트와 스피노자』(Rembrandt and Spinoza: A Study of the Spiritual Conflicts in Seventeenth-Century Holland, 1957)를 인용하며 같은 시기에 암스테르담에 살았던 두 인물이 각자의 방식으로 교회의 권위에 저항하여 싸웠다고 얘기한다.[19] 렘브란트가 파산 선고를 받은 해에 공교롭게도 스피노자는 유대교회에서 추방당했다. 존 버거는 철학자 스피노자가 책으로 저술한 범신론이나 화가 렘브란트가 그림 속 인물을 통해 묘사한 인간에 대한 연민이 모두 그 시대에 새롭게 형성되고 있던 "인간 사이의 상업적 경쟁 관계"(commercial-competitive relations between men)를 설명하기 위한 것이라고 풀이한다. 말년에 렘브란트가 그린 자화상을 보라. 그를 둘러싼 짙은 어둠 속에서 노회한 작가는 무엇을 말하고자 했던 것일까? 존 버거의 말처럼 돈의 우상을 숭배하기 시작한 사람들 사이에서 물신주의가 점차 심해지는 만큼 타인에 대한 관심과 애정이 사라져갔고, 렘브란트는 물신이 드리운 시대의 어둠에서 빠져나갈 출구를 찾고 있었던 것일까? 그렇다면 철학자 스피노자를 짓누른 시대의 어둠은 무엇이었으며, 그가 찾던 출구는 어디에 있었을까?

1672년, 야만의 극치

1665년에 스피노자는 평생의 역작인 『에티카』 저술을 잠시 중단하고 『신학-정치론』을 새로 쓰기 시작했다.[20] 23세의 나이였던 1656년에 유대교회로부터 파문당한 후, 스피노자는 외로운 추방자의 삶 속에서 오직 한 가지 철학적 질문에 매달리고 있었다. 자기 존재를 보존하려는 개인의 노력을 억압하는 외부 세력들의 위협 속에서 어떻게 이성에 의해 인도되는 행복한 삶이 가능한가? 이 질문에 대한 답을 엄밀한 기하학적 체계 속에 정리한 것이 바로『에티카』다. 왜 그는 수년간 전념해온『에티카』의 집필을 중단하고 갑자기 새로운 책을 쓰게 되었을까?

영국 왕립학회의 초대 사무국장인 헨리 올덴부르크(Henry Oldenburg)에게 보낸 서신에서 스피노자는 왜 그가『신학-정치론』을 쓰게 되었는지 비교적 자세하게 밝히고 있다. 독일인이지만 영국에 살고 있었던 올덴부르크는 당대 유럽 지성계의 주요 인물들과 두루 교류하며 학계의 마당발로 통하던 인물이다. 왕립학회에서 발간하는『왕립학회철학논문집』(*Philosophical Transactions of the Royal Society*)의 초대 편집장을 맡았으며, 투고된 논문을 동료 학자들에게 보내 심사하게 하는 동료 심사(peer review) 방식을 최초로 도입한 인물로도 알려져 있다. 스피노자는 편지에서 새 책이 "성경에 관한 입장을 밝히는 글"이라고 소개하면서, 집필 이유를 세 가지로 들고 있다.

1. 신학자들의 편견: 실제로 저는 사람들이 철학에 그들의 정신을 할애할 수 없도록 방해하는 것은 특히 신학자들의 편견이라는 것을 알고 있습니다. 그래서 저는 그런 편견을 명백하게 드러내고 가장 조예 깊은 사람들의 정신을 그 편견으로부터 보호하고자 합니다.

2. 끊임없이 저를 무신론으로 비난하는 대중이 저에 대해 갖는 견해: 이는 제가 할 수 있는 만큼 격퇴해야만 할 불행한 일입니다.

3. 철학을 하고 우리의 의견을 말할 자유: 저는 모든 수단을 동원하여 이

자유를 확립하기를 원합니다. 오늘날 과도한 권력과 목사들의 무분별한 종교열은 이 자유를 앗아가려는 성향이 있습니다.[21]

이 책에서 그는 대중이 왜 "복종을 유지하기 위한 공포를 조장하는 전제국가에서 자신의 안전만큼이나 예속을 위해 장렬히 싸우는지", 그리고 "폭군의 허영을 위해 목숨을 바치는 것을 수치가 아니라 최고의 영예로 간주하는지" 질문한다.[22] 스피노자는 자신이 지지하던 공화제를 반대하고 오히려 시민의 자유를 억압하는 반동 정치를 추종한 대중의 무지와 광기를 이해할 수 없었다. 책에 적은 것처럼, 그는 "일반 대중이 공포보다 미신으로부터 자유로워지기가 더 어렵다"는 사실 때문에 일반 대중을 신뢰할 수 없었다.[23] 무지한 일반 대중이 어떻게 세속적 권력과 종교적 권위에 지배되는지를 밝히려 했던 스피노자는 책이 출간된 후 자신이 어떤 비난과 위협을 받게 될지 잘 알고 있었다. 1670년 1월에 암스테르담의 진보적인 출판업자인 얀 리우어르츠(Jan Rieuwertsz)에 의해 책이 출간되었을 때, 책 표지에는 저자의 이름이 없었을 뿐만 아니라 출판된 장소도 암스테르담이 아니라 함부르크라고 허위로 기재되어 있었다. 예상한 대로 네덜란드뿐만 아니라 해외에서도 "배교한 유대인이 악마와 함께 작업하면서 지옥에서 꾸민" 이 책에 대해 온갖 악랄한 비난이 쏟아졌다.[24]

당시 네덜란드는 황금시대의 정점을 지나고 있었다. 평화 정책과 자유주의를 지지하는 얀 더빗의 공화파가, 호전적이며 중앙집권적 군주정을 옹호하는 오란녀 가문과 대립하고 있었다. 1650년에 네덜란드 연방에서 정치적으로 가장 강력한 홀란트 주의 총독인 빌럼 2세(Willem II)가 갑작스럽게 사망한 후 각 연방주에서 총독이 부재한 상태가 지속되었다. 당시 도르트레흐트(Dordrecht)의 시의장이면서 홀란트 주 정부의 대의장이었던 더빗은 네덜란드 공화국의 실질적인 지도자 역할을 수행했다. 그는 당시 네덜란드 사회의 부유한 지배엘리트인 레헌트(Regent) 계급의 이해를 대변한 정치인으로서 오늘날 얘기하는 민주주의자로 보기는 어렵다. 하지만 열렬한 공화주의자였던 더빗은 한 사람에게 권력이 집중되기보다는 네덜란드 연방의 의회와 정부가 소속주의 이해를 대변해야 한다고 믿었다.[25]

빌럼 2세와 뒤를 이은 총독들을 배출한 오란녀 가문과 그 추종자들은 총독제를 부활시켜 중앙집권적 권력 체제를 구축하고자 했다. 네덜란드 내부에서는 두 세력 간의 이념적 갈등이 해가 갈수록 심화되었다. 앞서 얘기한 것처럼, 대외적으로는 가톨릭과 신교 간의 종교전쟁과 제국주의 주도권 싸움으로 인해 외세의 침략이 잦아졌다. 거듭된 전쟁으로 인해 네덜란드 사회는 극도의 혼란 속으로 빠져 들어갔다. 스피노자를 포함한 많은 진보적 인사들이 공화주의자 더빗을 지지했으나, 일반 대중은 개신교의 지지를 받은 오란녀 파의 애국주의적 선동에 휩쓸리고 있었다.

1672년에 네덜란드를 침략한 프랑스와 영국 연합군과의 전쟁에서 패한 후 얀 더빗과 그의 형 코르넬리스(Cornelis de Witt)는 헤이그에서 오란녀 가를 지지하는 폭도들에 의해 살해당하는 참변을 당했다.[26] 반대파들은 코르넬리스가 빌럼 총독을 죽이려 했다는 누명을 씌워 처단했다. 분노한 폭도들은 두 형제를 죽인 후 교수대에 거꾸로 매달고 시신을 갈기갈기 찢었다(그림 3). 그래도 분이 풀리지 않은 폭도 몇 명이 불에 탄 형제의 시신을 뜯어먹었다는 믿기지 않는 이야기도 전해지고 있다. 이 식인 일화의 사실 여부를 확인하는 것은 어렵지만, 한 가지 분명한 것은 그 당시 많은 수의 대중이 스피노자가 지지한 더빗의 공화파보다는 애국주의 포퓰리즘의 선동에 휩쓸렸다는 점이다.[27] 스피노자는 일반 시민들이 저지른 잔인한 행동에 큰 충격을 받았다. 그는 1676년에 자신을 방문했던 독일의 철학자 라이프니츠(Gottfried Wilhelm Leibniz)에게 "더빗이 학살당한 장소에 찾아가서 '극악무도한 야만인들'(Ultimi barbarorum)이라고 쓰인 플래카드를 붙이고 싶었다"고 얘기했다. 흥분한 스피노자가 밖에 나갔다가 폭도들에게 변을 당하는 참사를 막기 위해 집주인은 그가 나가지 못하도록 밖에서 문을 잠가버렸다고 한다.

더빗 형제의 참상은 스피노자가 살았던 시대의 야만성을 상징적으로 보여준다.[28] 스피노자가 살았던 시대의 사회적 갈등을 살펴보는 것은 그의 삶과 철학을 이해하기 위해서 필요할 뿐만 아

그림 3 <더빗 형제의 시체>, 얀 데 밴, 1672-1675, 유화. 암스테르담국립미술관

니라 근대 자본주의적 세계 질서의 뿌리를 찾아가는 과정이기도 하다. 17세기 세계 무역의 중심이 된 네덜란드는 외부에서 볼 때에는 그저 자유롭고 풍요로운 나라로 보일지 모르지만, 내부적으

로는 자본주의 시장질서가 자리 잡는 과정에서 발생한 각종 경제적 문제와 더불어 가톨릭과 개신교 간의 종교 분쟁으로 인해 쉽게 치유될 수 없는 사회적 갈등을 겪고 있었던 것이다.

'야만의 시대'를 살았던 스피노자는 시대의 모순을 극복할 수단으로 종교 대신에 인간의 이성을 선택했다. 무신론자를 저주하는 유대교 광신도에 의해 살해될 뻔한 위기를 겪고 난 후에 스피노자는 칼자국이 난 외투를 버리지 않고 보관했다. 그 찢어진 외투를 가끔씩 쳐다보며 인간의 광기를 경계하는 교훈으로 삼았다.

일평생 이성의 힘으로 인간 갈등을 해결할 수 있는 방법을 고민했던 스피노자가 제시한 공존의 비법은 비교적 간단하다. 모든 이가 자신의 존재를 지속하기 위한 노력을 멈추지 않는 한 제한된 자원을 두고 벌이는 다툼과 그로 인한 갈등은 불가피하다. 단지 이성에 따라 타인도 나처럼 살고자 한다는 사실을 인정할 때만 내적인 죽음을 초래하는 군주와 노예의 관계 대신에 대등한 자유인들의 관계가 형성될 수 있다. 타인과 공존하기 위해 자유인에게는 무엇보다 용기와 관용의 정신이 필요하다고 스피노자는 말한다.

나는 용기를 각자가 오로지 이성의 명령에 따라서 자기의 유(有)를 보존하고자 하는 욕망으로 이해한다. 그리고 나는 관용을 각자가 오로지 이성의 명령에 따라서 다른 사람들을 돕고 그들을 우애로 결합시키려는 욕망으로 이해한다. 그러므로 나는 행위자의 이익만을 의도하는 활동을 용

기로 그리고 다른 사람들의 이익도 의도하는 활동을 관용으로 여긴다.[29]

거미 관찰자, 근대의 극복을 고민하다

우리의 고귀한 철학자 스피노자는 거미를 관찰하면서 무슨 생각을 했을까? 들뢰즈는 스피노자가 파리를 잡아먹는 거미를 보며 "죽음이라는 환원 불가능한 외재성"에 대해 사색했을 거라 추측했다.[30] 동물들은 생존을 위해 어쩔 수 없이 먹이를 죽이게 되지만, 사는 동안에 포식자와 피식자 간에 어떤 억압적 관계가 지속되는 것은 아니다. 살아가는 중에 어쩔 수 없이 다른 생물에 피해를 입히는 일은, 의도하지 않은 우발적인 사건에 불과하다. 이런 우발적인 죽음은 우리에게 연민의 감정을 불러일으킨다.

거미 새끼 하나 방바닥에 나린 것을 나는 아무 생각 없이 문밖으로 쓸어버린다.

차디찬 밤이다.

언제인가 새끼 거미 쓸려나간 곳에 큰 거미가 왔다.

나는 가슴이 짜릿한다.

나는 또 큰 거미를 쓸어 문밖으로 버리며

찬 밖이라도 새끼 있는 데로 가라고 하며 서러워한다.

– 백석, 「수라」(修羅) 중에서

"가난하고 외롭고 높고 쓸쓸한" 시인 백석은 인간계와 축생계의 중간인 '수라'(修羅)를 제목으로 하는 시에서 자기 때문에 죽게 된 거미의 운명에 대해 슬퍼한다. 시인은 "거미 새끼 하나 방바닥에 나린 것을" 보고는 "아무 생각 없이 문밖으로 쓸어버린다." 죽일 생각으로 한 행동은 아니었지만, "차디찬 밤" 밖에 버려진 새끼 거미는 틀림없이 죽었을 것이다. "새끼 거미 쓸려나간 곳에 큰 거미가 왔"을 때에야 뒤늦게 자기 때문에 죽었을지도 모를 새끼 거미에 대해 연민을 느끼게 된다. 이때 시인은 인간계와 축생계 구별 없이 "죽음이라는 환원 불가능한 외재성"에 고통받는 모든 생명체의 운명에 대해 깊은 연민을 느꼈는지 모른다.

시인 백석의 손에 잡혀 버려진 거미나, 스피노자가 관찰했던 거미나, 아니면 거미의 먹이가 된 파리나, 모든 생명체는 불가항력적인 '외재적 죽음'으로부터 자유로울 수 없다. 『신학정치론』에서 스피노자는 자연법을 "자연의 권리와 명령"으로 정의한다. 이 자연법에 따라 "모든 개물이 특정한 방식으로 행위하고 존재하도록 자연에 의해 조건 지워져" 있으며, "물고기가 물에서 살며 큰 고기가 작은 고기를 잡아먹는 것은 최고의 자연권"이라고 할 수 있다.[31] 이처럼 거미와 파리의 관계는 자연의 먹이사슬이 초래하는 피할 수 없는 "나쁜 만남"일 뿐이지, 주인과 노예와의 관계처럼 피지배자의 자유와 생명 자체를 지배자의 의지에 종속시키는 "내적인 죽음"을 초래하지는 않는다. 이렇게 스피노자는 파리를 잡는 거미를 관찰하며 생물 간의 관계를 규정하는 자연의 법칙에 대해 사색하고 있었는지 모른다.

　스피노자가 이 시대에 태어났다면 거미뿐만 아니라 자연의 다양한 질서를 관찰하여 체계적인 생태 이론을 정립한 위대한 생태학자가 되었을지 모른다. 실제로 스피노자가 사용한 여러 철학 개념들은 인간 행동뿐만 아니라 복잡한 자연의 생태적 관계를 잘 이해할 수 있는 단초를 제시한다. 한 예로 스피노자는 "각 사물이 자신의 존재 안에서 지속하고자 하는 능력이나 성향"인 코나투스(conatus)를 사물의 본성에서 필연적으로 생겨나는 "현실적인 본질"로 파악했다.[32] 인간은 다른 모든 생물처럼 자기의 존재를 지속하고자 노력하는데, 이런 "욕망은 인간의 본질 자체"이다.[33] 스타인벡이 얘기한 생명의 첫 번째 원칙을 다시 떠올리게 된다.

　여기서 문제는 존재를 지속하려는 개체의 욕망이 자신과 관계를 맺고 있는 다른 개체와 존재의 지속에 필요한 자원을 두고 크든 작든 갈등을 초래한다는 점이다. 그런데 그 갈등의 원인을 이해당사자는 제대로 파악할 수 없다. 스피노자는 『에티카』에서 왜 "우리는 우리 신체의 지속에 관해서는 가장 타당하지 못한 인식만을 가질 수밖에 없는지"를 질문하고,[34] 다음과 같이 답한다. "우리 신체의 지속은 자연의 일상적 질서와 사물의 상태에 의존한다. 그러나 **사물이 어떤 방식으로 배열되어 있는가에 관한 타당한 인식**은, 신이 모든 사물의 관념을 소유하는 경우 신 안에 있으며, 신이 단지 인간 신체의 관념을 소유하는 경우에는 신 안에 없다."[35] 스피노자가 말한 "자연 속 사물의 배열 방식"은 생태학의 핵심 주제다. 생태학이 생물과 환경의 관계에 대한 탐구라고 한다면, 스피노자는 이러한 생태적 관계를 제대로 인식한 뛰어난 생태학자가 분명하다.

스피노자는 17세기의 다른 많은 사상가들과 마찬가지로 데카르트의 기계적 우주관에 많은 영향을 받았다. 그는 살아생전에 데카르트 전문가로 통했으며, 1663년에는 공식적으로 그의 첫 책인 『데카르트 철학의 원리』(*Renati Descartes principia philosophiae, more geometrico demonstrata*)를 출간하기도 했다. 스피노자에게 영향을 준 또 한 명의 철학자인 토머스 홉스의 경우도 데카르트의 기계적 우주관에 기초해서 자연과 인간 사회에 공통된 어떤 법칙을 탐구하고자 했다. 그의 『리바이어던』 서설을 보면 당시의 지배적인 지적 풍조를 어느 정도 짐작할 수 있다. 서설의 첫 문장은 "자연은 하느님(God)이 세계를 창조하여 다스리는 기예(art)다"라고 시작하는데, 이어 그는 "자연을 인간의 '기예'로 모방하면 [……] 하나의 인공 동물(artificial animal)을 만들어낼 수도 있다"라고 주장한다.[36] 이 인공 동물에서 한 걸음 더 나아가 "자연의 가장 탁월한 작품인 '인간'을 모방"하면, 앞서 얘기한 코먼웰스라는 "인공 인간"(artificial man)까지도 만들 수 있다는 것이다.

여기서 흥미로운 점은 홉스가 자연의 법칙에 따라 영국인들이 코먼웰스라고 부르는 정치공동체를 창조할 수 있다고 얘기하면서도, 동시에 인간 본성의 한계 때문에 "'대접받고자 하는 대로 대접하라'는 자연법 그 자체는 어떤 힘에 대한 공포 없이는 지켜지지 않는다"라고 주장한 사실이다.[37] 자연을 모방하여 창조한 '인공 인간'인 코먼웰스의 원리를 자연의 법칙과 분리시킨 것이다. 반면에 스피노자는 사회적 존재인 인간은 이성에 따라 인도되므로 "공포 때문에 복종하지 않는다"며, 홉스와는 전혀 다른 인간관을 피력한다.[38] 홉스나 스피노자나 똑같이 존재를 유지하려는 개인의 노력을 공동체 수립의 근거로 보았지만, 스피노자의 이성적 인간은 "이성의 명령에 따라 자신의 유를 보존하려고 노력하는 한에서 [……] 공통의 삶과 이익을 고려하며, 따라서 국가의 공통된 결정에 따라 생활하기를 욕구한다."

스피노자와 홉스 둘 중 누가 더 자연과 인간을 잘 이해한 것일까? 이 둘뿐만 아니라 많은 근대 초기의 사상가들이 이성적인 존재로서 인간의 가능성을 신장할 수 있는 새로운 사회를 꿈꾸었다. 그러나 이들의 희망과 달리 '이성적 사회'는 쉽게 이룰 수 없는 이상으로만 남았다. 다음 장에서는 생태계 내의 여러 생물이 자연이 가진 '공동의 부'(common wealth)를 두고 어떤 관계를 맺는지 살펴본다. 다윈과 현대 생태학자들이 밝힌 생태학의 기본 원리를, 자연법에 기초해 인간 사회의 올바른 운영 원리를 찾고자 했던 스피노자나 홉스의 생각과 비교해보는 것도 흥미로울 것이다.

3
자연의 민주주의

그 법칙이 개인에게는 때론 가혹할 수 있지만, 그
것은 각 분야에서 적자생존(the survival of the
fittest)을 보장하기 때문에 전체 종에게는 최고의 법
이다. 따라서 우리는 수용할 수밖에 없는 조건인 환
경의 불평등, 소수에 의한 산업 및 상업 활동의 집중
및 이들 사이에서 일어나는 경쟁의 법칙을 단지 우리
에게 이로울 뿐만 아니라 인류의 진보를 위해 불가피
한 것으로 받아들이고 환영해야 한다.

– 앤드루 카네기

경쟁은 진화론의 적자(適者)인가

다윈의 진화론을 빼놓고 근대적 세계관에 대해 논하는 것은 불가능하다. 오늘날 우리는 알게 모르게 다윈이 이해한 대로, 혹은 다윈의 주장에 대한 다양한 해석에 따라, 자연과 인간 사회를 바라보고 있기 때문이다. 다윈의 진화론은 생물의 진화를 설명하는 생물학 이론일 뿐만 아니라 인간 사회의 발전 방향을 제시하는 중요한 지침이 되었다. 많은 사람들의 머릿속에 새겨진 다윈의 세계는 생존을 위한 투쟁이 끊임없이 펼쳐지는 참혹한 전쟁터 같은 모습일지 모른다. 19세기 영국의 계관시인 앨프리드 테니슨(Alfred Tennyson)의 시구처럼, 자연은 "피칠갑을 한 이빨과 발톱"(red in tooth and claw)이 난무하는 싸움터로 묘사되곤 한다.[1]

이 전쟁터에서 모든 생명체는 생존을 위해 투쟁한다. 주어진 환경에 더 잘 적응할 수 있는 종이 그렇지 못한 종을 물리치고 치열한 생존투쟁의 승자로 선택된다. 이렇게 승자만 살아남는 생존투쟁은 토머스 홉스가 얘기한 "만인에 대한 만인의 전쟁 상태"와 일맥상통한다. 홉스가 『리바이어던』에 적은 것처럼, "파괴와 정복을 불가피하게 만드는 경쟁의 주된 목적은 자기보존"이며, "같은 것을 놓고 두 사람이 서로 가지려 한다면, 그 둘은 서로 적이 되고, 따라서 상대방을 파괴하거나 굴복시키려 하게 된다."[2] 실제로 자연에서 같은 것을 얻으려는 생물들은 항상 적이 되어 다투기만 하는 것일까?

허버트 스펜서(Herbert Spencer)는 적자생존이라는 유행어를 만들어 일반인이 이해하기 쉽지 않은 복잡한 다윈의 이론을 대중화하는 데 기여했다. 복잡한 이론이 쉽게 이해되는 장점은 있지만, 적자생존으로 단순화된 진화론은 자연뿐만 아니라 인간 사회를 항구적인 전쟁터로 오인하게 할 위험이 있다. 진화론이 인간 사회를 분석하는 데 활용된 사례를 살펴보면, 일반인들뿐만 아니라 학자들도 진화론을 지나치게 편협하거나 자의적으로 인식하고 있음을 알 수 있다. 예를 들자면, 한국의 대표적인 보수주의자로 꼽히는 복거일은 『정의로운 체제로서의 자본주의』에서 "자본주의와 시장경제는 경쟁을 본질적인 원리로 삼는다"면서 "자연이 바로 경쟁에, 실제로는 전혀 사정이 없는 싸움에, 바탕을 둔 체계"이므로 "자연스런 체계"인 자본주의의 "치열한 경쟁"을 완화할 방법은 없다고 주장한다. 그는 자신의 주장에 힘을 싣기 위해 에드워드 윌슨(Edward O. Wilson)의 말도 인용했다. "자연은 싸움터입니다, 잘못 생각하지 마시오"(Nature is a battlefield, make no mistake).[3]

하버드대학교의 제임스 무어(James Moore) 교수는 1993년에 『하버드 비즈니스 리뷰』에 「포식자와 먹이: 새로운 경쟁의 생태학」이라는 논문을 발표했다.[4] 이 논문은 생태학 논문이 아니다. 무어 교수는 생태학의 생태계 개념을 활용하여 새로운 차원의 기업 생존 전략을 제시한다. 그가 주장하는 생태계 개념을 차용한 경영 전략의 핵심은, 갈수록 심화되는 경쟁 속에서 기업이 살아남기 위해서는 여러 산업 분야를 아우르는 협력적 비즈니스 생태계에 기반한 고차원의 기업 혁신이 필요하다는 것이다. 경쟁과 적자생존이라는 절대불변의 진리를 거스를 수 없다면, 기업의 생존을 위한 '생태적' 기업 전략이 필요하다는 주장이다. 포식자와 먹이 사이에는 '경쟁'이 아니라 '포식-피식' 관계가 형성된다는 생태학적 사실은 차치하더라도, 적자생존 중심으로 진화론을 해석하는 편향성 때문에 무어 교수의 주장은 그 논리적 근거를 주의해서 따져볼 필요가 있다.

움베르토 에코의 '읽지 않은 책의 오류'를 피하기 위해 다윈의 책을 펼쳐보자. 다윈이 쓴 글을 읽으며 행간에 숨겨진 의미를 곰곰이 생각하다 보면, 복잡한 생태적 관계를 완전히 이해할 수 없어 안타까워하거나 승자독식의 경쟁 원리로는 설명할 수 없는 생물 다양성의 숨겨진 비밀을 파헤치기 위해 분투하는 다윈의 모습을 그려볼 수 있다. 『종의 기원』의 가장 중요한 장 중 하나인 「생존을 위한 투쟁」(Struggle for Existence)에서 이 같은 다윈의 고민을 발견할 수 있다.[5] "두려움은 잘 느껴지지 않고, 죽음은 보통 빠르게 닥친다"라는 다윈의 말은, 스피노자가 생각한 '내적인 죽음'을 초래하지 않는 거미와 파리의 관계를 의미하는 것일까? "활력 있고 건강하고 행복한 종이 살아남아서 수를 불린다"라고 말했을 때, 다윈은 과연 어떤 생물을 "행복한 종"(the happy)으로 상상했을까? 콩키스타도르와는 다른 거미의 세계를 제대로 이해하기 위해, 먼저 경쟁과 공존에 대한 생태학 기초 이론을 살펴본다. 이 장의 마지막 부분에서는 다양한 종들이 어울려 자원 이용의 효율을 증가시키는 생태계의 자율 구성에 대한 개념을 짧게 소개한다. 이후 5장과 6장의 부록 [생태학 노트]에서는 생태계의 자율 구성에 대한 이론적 배경과 최신 연구 사례를 살펴볼 것이다.

생태적 관계와 갈등

생태학자의 주요 관심사는 생물과 환경의 관계이다. 한 생태학자가 아마존의 열대우림 속에서 개미 한 마리를 관찰하고 있다고 가정해보자. 아인슈타인이 재치 있게 정의한 것처럼 환경은 "내가 아닌 것 모든 것"(everything that isn't me)이므로, 개미의 환경은 개미를 뺀 주변의 모든 것이다. 환경에는 흙이나 물 같은 무생물적인 요소뿐만 아니라 숲속의 다른 모든 생명체도 포함된다. 당신이 관찰하고 있는 개미 한 마리는 자신의 존재를 지속하기 위해 주변 환경과 무수히 다양한 관계를 맺는다. 특히 다른 생물들과는 우리 눈으로 다 포착할 수 없는 복잡한 관계를 맺고 있다.

생태학에서는 생물 사이의 관계를 같은 종의 개체들이 맺는 종내 관계(intraspecific interactions)와 다른 종의 개체들이 형성하는 종간 관계(interspecific interactions)로 구분한다. 이러한 관계는 어떤 생물에게는 득이 되는 양(+)의 관계일 수도 있고 해가 되는 음(−)의 관계일 수도 있다. 거미는 파리를 잡아먹음으로써 득을 얻지만 그 먹이인 파리에게는 목숨을 앗아가는 해를 입힌다. 이런 포식자와 먹이의 관계처럼 일방적인 가해 관계에서도 갈등은 발생하지만, 희소한 자원을 두고 다툼으로써 결국은 양쪽 모두가 피해를 입는 경쟁 관계에서 갈등은 특히 첨예하게 드러난다. 경쟁에 의해 빚어지는 갈등은 서로에게 피해를 초래하는 생물 사이의 불협화음이다.

같은 종끼리든 서로 다른 종 사이에서든 개체 사이의 경쟁은 여러 이유에서 다양한 양상으로 발생한다. 이러한 경쟁은 스피노자가 얘기했듯이 존재를 지속하려는 생명의 자연스런 현상이다. 생존과 번식을 위해 몸부림치는 생명체에게 부족한 자원을 얻기 위한 다툼은 불가피하다. 생태학에서는 경쟁을 공격적인 행동으로 경쟁자의 행동양식에 직접적인 영향을 끼치는 간섭 경쟁(interference competition)과 먹이 같은 자원이나 짝짓기 대상을 차지함으로써 경쟁자에게 부정적인 영향을 초래하는 자원 경쟁(resource competition)으로 구분한다.[6] 이런 진짜 경쟁은 아니지만 특정 포식자의 먹이들 사이에는 명목상의 경쟁(apparent competition) 관계도 생겨날 수 있다. 예를 들어, 매의 먹이인 다람쥐와 쥐는 공동의 자원을 두고 경쟁하고 있지는 않지만, 어느 한쪽의 개체수 변화는 둘 모두의 포식자인 매의 섭식에 영향을 줌으로써 다른 쪽의 개체수에도 간접적인 영향을 초래하게 된다. 다람쥐의 숫자가 늘어나면 먹이가 많아진 매의 숫자도 늘게 되고, 숫자가 증가한 매들은 쥐도 더 잡아먹게 된다. 다람쥐가 직접 쥐와 경쟁한 것은 아니지만, 다람쥐 숫자가 증가한 것이 쥐의 개체수를 감소시키는 결과를 초래한다. 따라서 다람쥐와 쥐와 관계가 '겉보기로는' 일종의 경쟁 관계처럼 보일 수 있다.

시험관 속의 경쟁배제

게오르기 가우스(Georgy Gause)가 1934년에 이후 생태학의 고전이 될 『생존을 위한 투쟁』(The Struggle for Existence)을 출간했을 때, 그의 나이는 25세에 불과했다.[7] 가우스는 1931년에 모스크바대학교를 졸업한 후 미국의 생물학자 레이몬드 펄(Raymond Pearl)의 지도를 받아 박사학위를 얻고자 록펠러재단(Rockefeller Foundation)에 장학금을 신청했다. 그러나 그는 장학생으로 선발되지 못했다. 다시 장학금을 신청하기 전에 장학금을 받는 데 좀 더 유리하겠지 하는 마음으로 출간하게 된 책이 바로 『생존을 위한 투쟁』이다. 지금은 경쟁배제 원리를 실험적으로 입증한 생물학의 고전으로 평가받는 책이지만, 록펠러재단의 장학금선정위원회가 그 책의 중요성을 미처 인식하지 못했는지

가우스의 두 번째 지원도 실패로 돌아갔다. 이후 가우스는 모스크바대학교에서 면역학 분야로 전공을 바꾸어 박사학위를 취득했다. 그는 평생 항생제 개발에 몰두하여 많은 성과를 거두었고 소비에트 정부로부터 크게 인정받았다. 록펠러재단의 장학금선정위원회의 선택이 가우스 개인뿐만 아니라 그가 관여했던 두 학문 분야에 모두 큰 영향을 준 셈이다.

가우스는 다윈이 『종의 기원』에서 진화의 원리로 제시했던 자연선택을 실험적으로 증명하고자 했다. 그는 다윈처럼 현장에서 자연을 관찰하여 이론을 정립한 것이 아니라 짚신벌레와 효모가 주인공인 시험관 생태계를 연구 대상으로 삼았다. 비글호 탐사에서 생물 진화의 아이디어를 얻은 다윈은, 『종의 기원』을 출판하기까지 30년 가까운 긴 시간 동안 진화의 원리를 입증할 확실한 증거를 찾으려 했지만 끝내 성공하지 못했다. 다윈의 말을 직접 옮기자면, "우리가 할 수 있는 일은 각각의 생명체는 기하급수적으로 증가하려고 애쓰며, 사는 동안에 언젠가는, 일 년 중 어떤 계절에, 각 세대에, 또는 일정한 간격을 두고 생존을 위해 투쟁하고 큰 파괴를 겪어야만 한다는 사실을 명심하는 것뿐이다."[8] 서로 다른 종 사이에서뿐만 아니라 같은 종 내에서 "싸움 중의 싸움"(battle within battle)이 계속해서 일어나지만, 어떻게 생존을 위한 싸움에서 한 생물이 다른 생물을 이기는지 그 이유는 정확히 알 수 없다는 것이다. 다윈이 생물 진화의 동력으로 생각했던 서로 다른 종 사이의 경쟁은 이후 로트카(Alfred J. Lotka)나 볼테라(Vito Volterra) 같은 수학자들에 의해 수식으로 풀이되었다. 가우스는 이러한 종간 경쟁을 자연생태계 내에서 직접 연구하는 것은 생물 사이의 복잡한 관계 때문에 한계가 있다고 생각했다. 그래서 실험실에서 쉽게 배양할 수 있는 짚신벌레나 효모를 시험관 안에 넣어두고 싸움을 시키는 방법을 고안해냈다. 철학자 스피노자가 마당에서 거미 싸움을 지켜보며 코나투스에 대해 사색했다면, 과학자 가우스는 시험관 속의 짚신벌레 싸움을 관찰하며 경쟁의 원리를 밝힌 것이다.

그림 4는 가우스가 진행한 많은 실험들 중 대표적인 실험 결과로 생태학 교과서에 경쟁배제의 원리를 설명하는 사례로 자주 소개되고 있다. 가우스는 먼저 원생동물인 짚신벌레 두 종을 동일한 환경 조건을 가진 시험관에 따로 배양하였다. 짚신벌레 두 종 모두 먹이 자원이 충분한 배양 초기에는 급격히 수가 증가하였지만, 이후 각 종의 개체수가 증가함에 따라 먹이 자원이 고갈되고 이에 따라 개체수의 증가 속도가 서서히 감소하였다. 개체군의 규모가 수용 능력(carrying capacity)이라 불리는 최대 개체수에 도달했을 때, 각 개체군은 성장을 멈춘 안정 상태에 도달했다. 실험 초기에는 자원의 제약이 거의 없어서 두 개체군은 지수함수적인 증가(exponential growth)를 나타냈지만, 중반 이후에는 주어진 먹이 자원에 비해 개체수가 지나치게 증가해서 개체군의 증

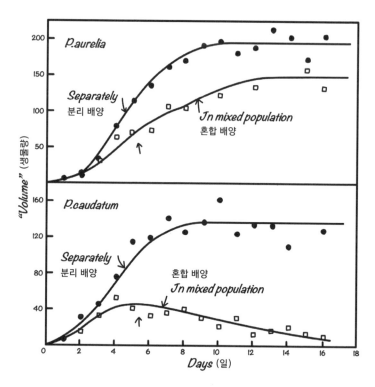

그림 4 짚신벌레 두 종의 개체군 밀도 변화에 대한 가우스의 실험 결과[9]

가 속도가 지속적으로 감소하는 S자 형의 로지스틱 성장(logistic growth)을 보인 것이다.

가우스는 이어지는 실험에서 두 짚신벌레 종을 이번에는 같은 시험관에서 함께 배양하며 각 종의 성장곡선을 비교했다(각 그래프의 아래쪽 곡선). 따로 배양했을 때와는 달리 *P. caudatum*이라는 짚신벌레 종의 개체수가 실험 시작 후 8일차부터 급격히 감소하였다. 반면에 경쟁 종인 *P. aurelia*는 따로 배양했을 때보다는 최대 개체수가 약간 감소했지만 수용 능력에 도달한 후에도 일정한 수준으로 개체수를 유지하였다. 즉 *P. aurelia*가 먹이를 얻기 위한 경쟁에서 루저 *P. caudatum*을 배제시키고 위너가 된 것이다. 두 종의 싸움에서 *P. aurelia*가 위너가 될 것이라는 사실은 선행 실험을 통해서 이미 예측이 가능했다. 두 종을 따로 배양한 결과를 보면, 먹이의 양이 동일했지만 *P. aurelia*의 최대 개체수, 즉 K로 표시되는 수용 능력이 더 높다는 것을 알 수 있다. 이는 이 종이 주어진 환경 조건에 더 적합하여 살아남을 확률이 높다는 것을 의미한다. 다윈이 얘기한 '진화적 적합성'(evolutionary fitness)에 따른 자연선택을 가우스는 시험관의 인공 생태계에서 확인할 수 있었던 것이다.

생태적 니치(Ecological Niche)

가우스는 미국 유학이 좌절된 후 항생제 연구로 전공을 바꿔 더 이상 생태학 연구를 진행하지 않았지만, 경쟁에 대한 그의 이론은 이후 많은 생태학자들에게 지대한 영향을 끼쳤다. 로트카-볼테라의 경쟁 방정식과 가우스의 실험을 종합하여 경쟁배제의 원리라는 용어로 널리 알린 사람은 바로 현대 생태학의 발전에 큰 기여를 한 '행복한 생태학자' 에벌린 허친슨(G. Evelyn

Hutchinson)이다.[10] 허친슨을 행복한 생태학자라고 부르는 이유는 그가 90년 가까이 살며 생태학의 다양한 분야에서 큰 족적을 남겼기 때문이다. 허친슨은 케임브리지대학교 광물학 교수였던 아버지의 영향으로 어릴 때부터 자연스럽게 자연과학에 대한 관심을 키웠다. 자신도 케임브리지대학교에 입학하여 동물학을 공부한 이후, 생태학과 육수학 같은 자연과학 분야뿐만 아니라 예술과 인문학 등 다방면에서 활동하며 뛰어난 업적을 남겼다. 무엇보다 예일대학교에 장기간 재직하면서 레이먼드 린드먼(Raymond Lindeman)이나 로버트 맥아더(Robert MacArthur) 같은 뛰어난 제자들을 배출해서, 미국 생태학계에 큰 영향력을 끼친 허친슨 학파를 이루었다. 허친슨의 다방면에 걸친 정력적인 활동은 사생활에서도 확인된다. 그는 여든이 다 되어 세 번째 결혼을 했으며, 세 아내를 모두 하늘나라로 보낸 후에 숨을 거두었다.

허친슨이 정립한 중요한 생태학 개념 중 하나가 우리말로 흔히 '생태적 지위'로 번역되는 '생태적 니치'(ecological niche)다. 니치는 원래 골동품이나 서화를 비치하는 데 쓰이는, 건물이나 저택의 벽에 난 움푹 파인 곳을 의미한다. 따라서 원래의 말뜻을 살려 '생태적 자리'로 번역해도 무방할 것이다. 생태학 연구를 위해 니치라는 용어를 처음 사용한 이는 미국의 동물학자 그리넬(Joseph Grinnell)이다. 1917년에 출판된 논문[11]에서 그리넬은

캘리포니아 지빠귀류(*Toxostoma redivivum*)라는 새가 몇 가지 주요한 환경 조건들이 제한하는 좁은 범위 내에서만 분포하는 것을 니치 개념으로 설명하였다. 그리넬의 논문에서 니치는 특정 장소에서 한 종이 살아가는 데 영향을 주는 물리적 환경 조건들의 총합을 의미했다.

허친슨은 그리넬의 니치 개념에서 명확하지 않던 종 사이의 상호작용을 강조하기 위해 니치를 '근원적 니치'(fundamental niche)와 '실현된 니치'(realized niche)로 구분하였다.[12] 특정 종의 생물이 여러 무생물적 환경 요인의 영향을 받을 때, 그 생물이 살 수 있는 무생물적 환경 범위를 허친슨은 '다차원적 초공간'(n-dimensional hypervolume)이라고 일컬었다. 그리넬이 연구한 캘리포니아 지빠귀류를 예로 들면, 그 새가 살 수 있는 환경 조건의 범위를 온도, 수분, 나무의 높이 등 다차원의 가상적인 공간으로 생각해볼 수 있을 것이다. '근원적 니치'는 새가 살 수 있는 무생물적 환경의 최대 범위지만, 캘리포니아의 실재 생태계에서 지빠귀류의 새들이 다른 종과 경쟁하며 살아가기 때문에 그들의 '실현된 니치'는 훨씬 제한적인 범위에서 나타나게 된다.

허친슨의 니치 개념을 통해서 우리는 다윈과 가우스의 궁극적 질문과 다시 마주치게 된다. 다윈의 경우에는 갈라파고스 군도에서, 가우스는 짚신벌레가 들어 있는 시험관을 바라보며 던졌던 질문이다. 경쟁배제의 원리에 따르면 니치가 유사한 종들은 같은 공간에서 계속해서 공존할 수 없다. 가우스는 그의 책에서 "경쟁으로 인해 유사한 두 종은 같은 니치를 차지할 수 없다"고 적었다.[13] 다윈도 유사한 생각, 즉 "[……] 종간 경쟁이 발생하면 동떨어진 속(genus)의 종들보다는 같은 속의 유사한 종들 사이에서 생존을 위한 투쟁이 더 치열하게 벌어진다."[14]라고 이미 『종의 기원』에서 밝힌 바 있다. 두 종이 같은 자원을 두고 다툴 경우에 주어진 환경에 더 적합한 종이 그렇지 못한 종을 몰아낸다고 한다면, 그래서 승자독식의 세상이 된다면, 지구상의 수많은 생물들이 연출하는 다양성을 어떻게 설명할 수 있을까? 결국 다윈과 가우스가 생물 간의 생존을 위한 투쟁에서 궁극적으로 알고 싶었던 것은 경쟁배제 자체보다는 경쟁을 넘어선 공존의 비밀이었는지도 모른다.

허친슨은 이탈리아 시칠리아 섬으로 곤충 채집 여행을 떠난 적이 있다. 그는 팔레르모(Palermo) 근처에 있는 펠레그리노(Pellegrino)산을 올랐다가 산타 로잘리아(Santa Rosalia)라는 12세기 성인의 유해가 발견된 석회암 동굴에 들르게 되었다. 허친슨은 동굴 아래의 인공 연못에서 수서곤충 두 종을 발견하고는 두 종이 왜 번식 시기가 다른지, 그리고 왜 이 연못에는 두 종만이 남게 되었는지에 대해 의문을 품게 되었다. 그때 그가 가졌던 의문이 이후 작성한 논문의 제목이 되었다. 「세상에는 왜 그렇게 수많은 동물 종이 존재하는 걸까?」(Why are There So Many

Kinds of Animals?)[15]가 그것인데, 이 논문에서 허친슨은 세상에 수많은 동물 종이 존재하게 된 일차적인 이유는 다양한 종으로 이루어져 "복잡한 영양 구성"(complex trophic organization)을 가진 군집이 단순한 군집보다 더 안정적이기 때문이라고 결론 짓는다. 가우스의 시험관 속과는 달리, 종 구성이 단순한 군집에 새로운 종이 유입되면 항상 일방적인 경쟁배제가 일어나기보다는 생존에 필요한 니치의 공유를 통해 경쟁하는 종들이 공존할 수도 있다. 허친슨의 설명에 따르면, 이렇게 진화 과정에서 종 구성이 점차 다양해진 군집은 극심한 환경 변화에도 더 많은 종이 살아남을 수 있는 안정성을 유지할 수 있게 된다. 생물다양성의 비밀에 대한 허친슨의 질문을 되새기며, 이제 경쟁배제의 이면에 감춰진 공존의 비밀을 이해하기 위해서 자연생태계의 자원 배분 원리를 살펴보자.

니치 분화(niche differentiation)와 공존

그리넬이 처음 사용하고 허친슨이 정교하게 다듬은 니치 개념은 이후 생물다양성을 설명하는 수많은 생태학 연구의 이론적 토대가 되었다. 이런 연구들의 핵심 결론을 한마디로 정리하면, "각 종이 고유한 니치를 차지함으로써 다양한 종이 공존할 수 있다"는 것이다.[16] 각 종이 생태계 내에서 그 종만의 고유한 니치를 갖게 되어 경쟁 종과 공존하게 되는 것을 '니치 분화'(niche differentiation)라고 한다. 동일한 자원을 사용하는 종들 사이의 자원 분할(resource partitioning)이 대표적인 니치 분화의 유형이다.[17] 경쟁 관계에 있는 종들은 자원 분할을 통해 생태계 내에 서로 다른 니치를 보유함으로써 공존할 수 있게 된다. 니치를 규정하는 자원, 천적, 공간 및 시간의 관점에서 공존하는 종들의 생태적 차이를 파악할 수 있다.[18] 즉 어떤 자원이나 천적에 의해 니치의 범위가 제한되는지, 그리고 언제 어디서 그 자원을 사용하거나 천적을 만나는지에 따라 각 종의 생태적인 차이가 나타난다. 먹이나 서식지 같은 제한된 자원을 하나의 파이로 생각해보자. 파이를 여러 조각으로 나누어 가지거나, 같은 파이 조각이라도 다른 장소나 다른 시간에 얻게 되면 부족한 자원에 대한 경쟁을 피하거나 줄여 경쟁자들이 같은 공간에서 공존할 수 있다.

약간 다른 형태의 자원을 이용하거나 같은 자원을 이용하더라도 이용 장소와 시간이 다르면 종간 경쟁은 종내 경쟁보다 줄게 된다. 어떻게 종내 경쟁보다 종간 경쟁이 약해져서 같은 자원을 두고 다투던 종들이 공존하게 되는지를 설명하기 위해 많은 가설이 제시되었다. 이런 다양한 가설에 공통적으로 활용되는 원리가 있다. 자기 제약적인(self-limiting) 조절 기제에 의해 한 개체군의 개체당 생식률이 경쟁 종의 생식률보다 줄어들 때, 이들 경쟁하는 종들이 공존할 수 있게 된다.[19] 요즘 우리나라의 출산율 저하가 지속되면서 머지않은 미래에 인구 절벽 문제가 발생할 수 있다는 우려가 커지고 있다. 우리가 겪고 있는 출산율 저하 문제가 자연생태계에서도 좁은 공간에 개체수가 지나치게 많아진 고밀도 개체군에서 흔히 발생한다. 이런 과밀 개체군에는 같은 종의 개체들 사이에서 경쟁이 심해져 경쟁 관계에 있는 다른 종보다 생식률이 더 감소하게 된다.

　단순화해서 말하자면, 같은 종 내부의 경쟁이 심해져서 후손을 덜 낳게 되면 같은 공간에서 경쟁하던 다른 종이 함께 살 수 있는 확률이 높아진다는 것이다. 두 종의 공존은 결국 종간 경쟁과 종내 경쟁의 균형 관계로 파악할 수 있는데, 이는 종간 경쟁을 수식으로 나타낸 로트카-볼테라 식을 통해 확인할 수 있다.[20] 볼테라와 로트카는 각각 1926년과 1932년에 벨기에 수학자 베르헐스트(Pierre François Verhulst)가 1838년에 발표한 로지스틱 개체군 성장모형에 기초하여 두 종 사이의 경쟁을 수학적으로 설명하는 방법을 제시하였다. 앞서 살펴본 두 가지 개체군 성장 모형에 따르면 자원이 풍부할 때 지수함수적으로 증가하던 개체군은 개체수 증가에 따라 자원 경쟁이 심해지면 S자 형태의 로지스틱 성장을 나타내게 된다. 이를 수식으로 나타낸 것이 아래의 로지스틱 방정식이다. 이 식은 개체군 성장 속도(dN/dt)를 개체당 성장률(r)과 개체수(N)의 곱으로 정의한 지수함수적 성장 방정식에 개체군 증가에 따른 환경 저항(environmental resistance)을 나타내는 요소($\frac{K-N}{K}$)를 추가했다. 자원이 무한한 조건에서 지수함수적 성장을 하던 개체군에서는 개체당성장률(r)이 상수로 일정했지만, 자원의 제약으로 인한 환경 저항에 직면한 개체군은 실제 개체당성장률이 환경 조건이 가장 양호했을 때의 최대성장률(r_{max})에 개체군 증가로 초래되는 환경저항($\frac{K-N}{K}$)을 곱해서 얻은 결과값으로 줄어들게 된다.

$$\frac{dN}{dt} = r_{max}N\left(\frac{K-N}{K}\right)$$

아래의 로트카-볼테라 식은 제약적인 환경 조건에서 한 개체군의 크기가 증가하면 개체군 성장률이 감소함을 수식으로 표현한 로지스틱 함수에, 경쟁하는 다른 종의 영향을 나타내는 종간경쟁계수(α_{12}: 종 2가 종 1에 미치는 영향)를 추가한 것이다.

$$dN_1/dt = r_1N_1(K_1 - N_1 - \alpha_{12}N_2)/K_1$$

이 식은 종1이 종2에게 미치는 영향, 즉 종간경쟁계수 α_{21}을 대입해서 종2의 성장 방정식으로 표현할 수도 있다. 이렇게 한 개체군의 종내 경쟁만 고려한 로지스틱 방정식에 종간 경쟁을 추가한 로트카-볼테라 식을 활용하면, 개체수 증가에 따라 점차 자원이 부족해지고 종내 경쟁과 종간 경쟁이 동시에 심해질 때 두 종

사이의 세력 관계가 어떻게 변화하는지를 쉽게 파악할 수 있다. 다양한 환경 조건에서 로트카-볼테라 방정식을 적용하여 두 개체군의 크기 변화를 계산하면 매우 복잡한 결과를 얻게 된다. 복잡한 결과를 정리하면 한 가지 결론을 얻을 수 있다. 두 종은 종간 경쟁이 종내 경쟁보다 약해질 때만 공존하며, 다른 모든 상황에서는 한 종이 다른 종을 도태시키게 된다. 가우스의 시험관 속에서 한 종의 짚신벌레가 다른 짚신벌레 종을 배제시킨 것은 결국 두 종간의 경쟁이 개별 종내의 경쟁보다 더 강했다는 의미이다. 그렇다면 어떤 조건에서 종간 경쟁이 종내 경쟁보다 약해져서 경쟁하는 종들이 공존하게 될까?

종내 경쟁보다 종간 경쟁이 덜해져서 경쟁하는 종들이 공존할 수 있는 기제 중에서 자원 분할은 가장 확실한 경쟁 완화 전략이다.[21] '다윈의 핀치'(Darwin's finch)라고 불리는 조류 종들을 예로 살펴보자. 갈라파고스 제도(Galápagos Islands)에 서식하는 십수 종의 핀치들은 다윈이 진화론을 정립하는 과정에서 많은 영감을 준 것으로 알려지고 있다. 오늘날에도 일부 생태학자들이 이 섬을 방문하여 핀치들의 '섭식 니치'(feeding niche)에 대해 연구하고 있다.

영국인 생태학자 부부인 피터 그랜트(Peter Grant)와 로즈메리 그랜트(Rosemary Grant)는 다윈이 5주 동안 머물며 조사했던 갈라파고스에서 40년 이상 핀치들의 니치 분화에 대해 연

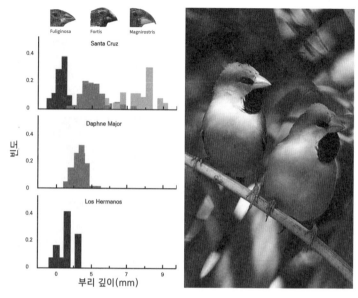

그림 5 세 핀치 종의 먹이 니치 분화

구하고 있다.[22] 그랜트 부부는 핀치의 부리 크기가 종에 따라 뚜렷한 차이를 나타내는 사실에 주목했다. 그들은 '땅핀치'(ground finch) 3종이 공존하는 한 섬에서 부리 크기와 각 종이 주로 섭취하는 먹이인 씨앗의 크기 사이에 상관도가 높다는 사실을 확인하였다(**그림 5**). 각 종이 혼자서 살아가고 있는 섬에서 관찰한 핀치의 부리 크기 분포와 비교할 때 3종이 같이 살고 있는 섬에서 핀치의 부리는 크기가 겹치는 정도가 훨씬 약했다. 이러한 관찰 결과는 '니치 중복'(niche overlap)을 줄여서 유사한 먹이 때문에 발생할 수 있는 경쟁을 피한다는 니치 분화로 설명할 수 있다. 이 경우 새의 부리라는 형질의 변화가 니치의 분화를 가능하게 한 것으로 볼 수 있다. 생태학자들은 이렇게 종간 경쟁을 완화하기 위해 새의 부리처럼 자원 이용과 관련된 형질이 변화하는 것을 '형질 치환'(character displacement)이라고 부른다.

그랜트 부부는 한 장소에서 40년 동안 연구를 지속한 덕분에 다윈을 포함해서 그 누구도 관찰할 수 없었던 '형질 치환' 과정을 현장에서 목격하는 행운을 누릴 수 있었다.[23] 1977년에 갈라파고스에 극심한 가뭄이 닥쳤을 때 '중간땅핀치'(*Geospiza fortis*)만 살던 다프네메이저(Daphne Major) 섬에서 이 종의 새들이 선

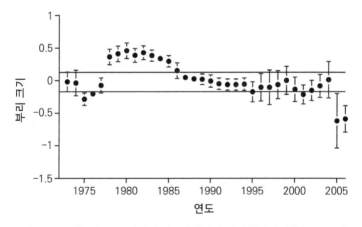

그림 6 1973년부터 2005년까지 다프네메이저 섬의 중간땅핀치(*G. fortis*) 개체군의 평균 부리 크기의 변화

호하던 작은 씨가 먼저 고갈되자, 비교적 큰 씨를 먹을 수 있는 큰 부리를 가진 개체들이 더 많이 살아남게 되었다. 이후 상대적으로 가뭄 피해를 적게 입은 큰 부리를 가진 개체들이 중간땅핀치 개체군의 대부분을 차지하게 됨에 따라 부리의 평균 크기가 크게 증가했다(**그림 6**).

1982년에 큰 부리를 가진 중간땅핀치 개체들을 위협하는 강력한 경쟁자가 이 섬을 방문하게 된다. 바로 다섯 마리의 '큰땅핀치'(*G. magnirostris*)가 이 섬에 둥지를 틀게 된 것이다. 이 큰 핀치들은 큰 부리를 가진 중간땅핀치 개체들과 동일한 먹이를 두고 경쟁하면서 경쟁력이 약한 개체들을 도태시켰다. 다섯 마리에서 시작한 큰땅핀치 개체군은 2003년에 최대 354마리까지 증가했다. 이들과의 경쟁에서 이길 수 없었던 큰 부리를 가진 중간땅핀치 개체들은 서서히 줄어들었다. 2003년부터 그다음 해까지 이어진 극심한 가뭄으로 인해 두 종간의 경쟁이 치열해진 후에는 중간땅핀치 부리의 평균 크기가 1977년 이전보다 더 감소하였다. 환경 변화에 따른 먹이 다툼의 결과로 부리의 형질 치환이 일어난 역사적, 아니 진화적 장면이 현장에서 확인되는 순간이었다.

쥐똥나무가 5월에 향기로운 꽃을 피우는 이유는?

봄이 어느덧 절정을 넘어선 5월의 어느 날, 붉게 피어난 장미 꽃송이들이 화사하다. 아파트 담벼락이나 버스 정류장 옆 화단에서, 그리고 학교 담장에도 선명한 장미가 행인의 시선을 붙잡는다. 담장 위의 장미를 보고 있자니 시선 가는 곳보다 아래쪽에서 은은한 향기가 퍼져온다. 그제야 시선이 작은 울타리 나무로 향한다. 조용히 향기를 내놓고 있는 아주 작은 흰 꽃송이들. 쥐똥나무다. 쥐똥나무가 5월에 꽃을 피우는 이유는 무얼까. 우리가 길거리에서 마주치는 꽃들이 조금씩 다른 시기에 피는 이유를 경쟁과 공존의 관점에서 생각해볼 수 있다.

지금까지 살펴본 니치의 분화를 통한 종간 경쟁의 완화는 비교적 동질적인 환경 내에서 단일한 자원을 두고 발생하는 경쟁에 대한 것이었다. 실제 자연환경은 훨씬 복잡해서 공간적으로나 시간적으로 부단한 환경 변화에 따라 종간 경쟁의 강약과 완급이 조절되어 경쟁하는 종들의 공존이 가능해지기도 한다.[24] 경쟁하는 종들이 제한된 자원을 얻는 장소의 차이뿐만 아니라 자원을 얻는 시간의 차이가 공존의 메커니즘으로 작용할 수도 있다.

길가에 피는 꽃들이 계절별로 다른 이유를 환경 조건의 시간적 변이에 따른 공존으로 설명할 수 있다. 쥐똥나무의 경우, 기온이나 수분 같은 환경 조건이 불리한 때는 꽃을 피우지 않고 있다가 자신에게 유리한 시기인 5월이 오면 꽃을 피워 부지런히 자식 농사를 시작한다. 일 년 전체를 놓고 볼 때 쥐똥나무에게 유리한 상황과 불리한 상황은 서로 상쇄되어 나무의 생존과 생식에 꼭 필요한 최소한의 니치 공간이 확보되는데, 이를 '시간적 저장 효과'(temporal storage effect)라고 한다. 한 종의 개체들에게 생육 환경이 좋은 때의 긍정적인 영향이 '저장'되어 다른 어려운 시기를 견디게 할 수 있다면, 종마다 다른 종과 시차를 두고 꽃을 피우고 씨를 뿌려 공존하는 전략이 가능해진다.[25]

최근 『네이처』에 발표된 한 논문에서는 추운 고위도에서 적도 부근의 열대 지역으로 내려갈수록 종 다양성이 크게 증가하는 이유로 시간적 저장 효과를 제시하였다.[26] 보르네오 섬의 열대우림에서는 0.5km²의 면적에 1,175종의 나무가 확인되었는데, 이는 아시아, 유럽 및 북미에 존재하는 총 1,166개 수목 종보다 더 많은 숫자다. 논문의 저자들은 알래스카의 북방림부터 에콰도르 열대우림까지 10개 조사지에서 장기간 현장 조사를 실시한 결과

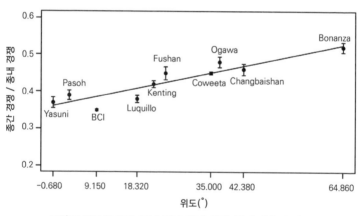

그림 7 위도에 따른 종내 경쟁 대비 종간 경쟁 계수의 변화

를 분석했다. 성장기가 긴 열대에서는 고위도의 추운 지역보다 경쟁하는 다른 종들과 생식 시기가 겹치지 않을 확률이 더 높았다. 즉 살기 좋은 시기가 긴 열대에서는 시간적 저장 효과에 따른 니치 분화가 더 쉽다. 꽃을 피우고 씨를 뿌리는 시기가 조금씩 달라짐으로써 같은 종 내부의 경쟁보다 다른 종과의 경쟁이 덜 심해지게 되어 여러 종의 공존이 가능해진다는 것이다. 이러한 시차에 기반한 공존 전략은 기온 같은 기후 조건에 큰 영향을 받으므로, 수목을 대상으로 한 이 연구의 경우 종내 경쟁 대비 종간 경쟁의 비율이 위도 1°당 0.25%씩 감소하는 것으로 나타났다(**그림 7**).

경쟁하는 종들이 주변 환경의 공간적인 변이에 다른 정도로 반응할 때 '공간적 저장 효과'(spatial storage effect)에 의해 공존할 수도 있다. 한곳에서는 우세하던 종이 다른 곳에서는 경쟁하던 종에게 열세를 보일 수 있음을 의미한다. 비교적 좁은 장소라도 토양이나 기상 같은 환경 조건이 달라질 때 종간 경쟁의 균형 관계가 달라지므로, 경쟁하는 종들이 상대적으로 유리한 조건을 가진 장소로 위치를 옮겨서 이웃으로 공존할 수 있게 된다. 실제 자연생태계에서는 보다 유리한 장소를 찾아 자기만의 니치를 차지한 수많은 종들이 공존하는 것이 관찰되었다. 2017년에 『네이처』에 발표된 전 세계 300만 그루 이상의 임목 자료를 분석한 논문에 따르면, 천이가 많이 진행되어 나무들의 경쟁이 심한 숲일수록 경쟁에 대한 내성(tolerance)을 가지는 나무들의 공존 가능성이 높은 것으로 나타났다.[27] 이러한 '공존형 나무'는 무엇보다 천천히 자라며 임목 밀도(wood density)가 높은 특성을 보였다. 이 연구 결과는 갈등이 심한 저성장 사회를 살고 있는 우리에게, 성장만 외치지 말고 공존을 위해 관용의 미덕을 생각해볼 것을 권한다.

경쟁을 넘어선 관계들

지금까지는 경쟁하는 종들이 니치 분화를 통해 경쟁을 회피해서 공존하게 된다는 현대 생태학의 지배적 패러다임을 살펴보았다. 가우스가 배양 실험을 통해 입증한 경쟁배제의 원리와 그리넬 이후 많은 생태학자들이 다양한 생태계에 적용한 니치 개념이 이러한 패러다임의 근간을 이루고 있다. 최근 들어 니치 패러다임에 도전하는 새로운 연구 결과가 발표되고 있다.[28] 먼저 큰 틀에서는 기존 패러다임에 포함될 수 있지만, 경쟁자 사이의 니치 분화를 통하지 않고도 경쟁이 완화되는 경우가 있다. 1장에서 소개한 미국의 생태학자 로버트 페인이 연구한 조간대 생물군집을 대표적인 사례로 생각해볼 수 있다.[29] 이 조간대 군집에서는 최상위 포식자인 불가사리의 먹이가 되는 종들이, 불가사리의 포식 압력이 크지 않을 경우엔 서로 심하게 경쟁하여 위너가 루저를 제거하게 된다. 그러나 불가사리가 먹이들 중에서 높은 생존 경쟁력을 가진 특정한 종을 선택적으로 섭식하면, 먹이 종들 사이의 경쟁이 완화되어 다투던 종들의 공존 확률이 높아짐으로써 군집 전체의 다양성이 증가한다. 먹이들 사이의 니치 분화가 일어나지 않았지만, 포식자에 의한 위로부터의(top-down) 압력에 의해서도 군집의 평화가 지켜질 수 있다는 의미다.

다윈의 진화론에 기초한 기존 패러다임에 도전하는 새로운 학설의 대표적 예가 스티븐 허벨(Stephen Hubbell)의 '생물다양성 중립 이론'(the neutral theory of biodiversity)이다.[30] 이 이론에 따르면 생태계의 먹이사슬 내에서 유사한 영양 단계에 위치하는 다른 종의 생물들은 진화적 적합성 면에서 서로 '중립적'(neutral)이다. 여기서 중립성(neutrality)은 영양 단계가 유사한 종들이 개체당 출산률, 사망률 및 확산률 면에서 크게 다르지 않음을 의미한다. 앞서 살펴본 니치 분화가 모든 생물종이 생존 및 생식 능력이 각기 다르다는 사실을 전제한 것과 달리, 중립 이론은 종간 경쟁력 차이는 크지 않아서 타고난 위너나 루저가 정해져 있지 않다고 본다. 주어진 환경 조건에 더 적합한 종이 선택된다는 진화론과 완전히 배치되는 이론이다 보니, 허벨과 같은 중립성 연구자들의 주장은 지난 20년 동안 생태학계 내에서 격렬한 논쟁의 대상이 되었다.

허벨은 중미의 열대림에 분포하는 수목 군집을 수십 년 동안 장기 관측한 결과에 기초해서, 적합성 면에서 대등한 여러 수목 종들의 분포 패턴이 단지 공간적 확산이라는 우연적인 요인에 의해서만 결정된다는 결론에 이르렀다. 니치 개념에 기초해서 생물다양성을 설명하던 기존 연구와 달리, 서로 다른 수목 종이 겉보기와 달리 생존 능력 면에서는 거의 대등하고 단지 우연적 요인에 의해 지금 서 있는 자리에 존재하게 되었다는 것이다. 허벨이 주장하는 중립 이론의 핵심은 한마디로 생물종의 '생태적 대등성'(ecological equivalence)이라고 할 수 있다.[31] 수없이 다양한 수목이 빽빽이 들어선 열대림에서는 개체수가 증가함에 따라 종간 경쟁이나 종내 경쟁이 치열해져 경쟁배제가 일어날 수밖에 없을 것 같지만, 허벨이 관찰한 바에 따르면 병균, 초식 피해, 가뭄 등으로 인해 무수히 많은 씨들이 제때 발아에 성공하는 경우도 드물고, 발아에 성공한 어린 나무 중에서도 제대로 성장하는 개체는 매우 드물다고 한다. 따라서 수목 군집은 후속 세대를 보충(recruit)하는 데 어려움을 겪는 확산-제한적인(dispersal-limited) 상황에 처하게 된다. 일대일로 맞붙게 되면 경쟁에 밀릴 약한 수목도, 확산이라는 우연적 요인에 따라 높은 다양성을 가진 군집의 일원으로 존재할 수 있게 된다.

최근에는 중립 이론이 설명하는 것처럼 적합성 면에서 중립적이지는 않지만, 종간 경쟁력의 차이가 분명한 종들이 경쟁배제의 원리에 따라 도태되지 않고 같은 공간에서 무리지어 공존할 수 있다는 연구 결과가 보고되고 있다. 한 이론 연구의 경우 니치가 유사한 생물종들이 시간 경과에 따라 같은 공간 내에 자연스럽게 무리지어 공존하는 것을 진화 과정에서 자연적으로 형성되는 '자율구성적 유사성'(self-organized similarity)으로 설명하였다.[32] 이 연구는 수치 모형을 활용하여 니치가 유사한 종들이 무리지어 '자율적 공동체'를 형성하는 과정을 모사하였다. 무리 속에서 공존할 수 있는 정확한 이유는 밝혀지지 않았지만, 주변의 여러 종과 경쟁하기보다는 오히려 무리 속에서 경쟁을 피한다든지, 무리 속의 이웃 종이 공동의 경쟁자를 막아줘서 상호 간에 도움을 얻는 방법 등이 공존 전략으로 제시되었다. 생물군집의 자율구성에 대해서는 5장의 부록 [생태학 노트 2]와 6장의 부록 [생태학 노트 3]에서 좀 더 자세히 살펴볼 것이다.

니치가 유사한 종들의 공존을 설명하는 다른 연구에서는, 위너와 루저의 관계가 고정된 것이 아니라 경쟁하는 종들이 어떻게 짝을 짓는지에 따라 우열 관계가 달라진다는 '고차원 관계'(higher-order interactions)에 대해 주목했다.[33] 마치 가위바위보를 할 때 세 선택지 중 어떤 것도 절대 승자가 될 수 없는 것처럼, A라는 종이 B 종과의 경쟁에서는 일반적으로 우세하지만 C 종은 이기지 못하고, 이 C 종이 A는 이기지만 A에게 진 B에게는 약자가 될 수 있다.

이러한 새로운 가설들은 경쟁배제와 니치 분화에 기초한 전통적 이론과 비교할 때 기본 가정과 구체적인 설명 방식에 있어서는 크게 다를 수 있다. 그러나 앞서 소개한 모든 이론과 가설은 한 가지 공통된 결론을 도출한다. 바로 자연생태계에서 여러 생물의 생존에 필요한 제한된 자원이 소수의 종과 개체에 의해 오랫동안 독점되지 않는다는 것이다. 환경 조건이 급변하지 않을 경우에는 자원을 분할하여 사용하는 여러 종이 서식 환경의 특성에 맞춰 다양한 방식으로 어울려 공존한다. 따라서 장기적인 생물 진화는 특정한 생태계의 환경 조건에 맞게 최대한 생물다양성이 증가하는 방향으로 이루어진다. 앞서 세상에 수많은 종이 공존하는 이유에 대해 허친슨이 설명했던 것처럼, 다양성이 높은 군집은 끊임없는 환경 변화에도 군집 전체의 안정성이 잘 유지될 수 있다. 이렇게 보이지 않는 손에 의해 자원의 '민주적' 배분이 이루어지는 자연과는 달리, 근대사회의 정치권력과 시장경제는 소수 엘리트의 손에 장악되어왔다. 다음 장에서는 에스파냐의 콩키스타도르와 북유럽의 상인 세력이 어떻게 폭력이라는 '보이는 손'을 이용해 근대 세계체제의 정복자가 되었는지 살펴본다.

4
콩키스타도르와 상인

금을 찾아내기 위하여 그 나라의 국왕을 고문한다. 모든 비인간적인 행동이 저질러진다. 대지는 그 나라 사람들의 피로 붉게 물든다. 이러한 '경건한 탐험'에 고용된 살인자의 무리가, 우상을 숭배하는 야만인을 개종시키기 위하여 파견되는 현대의 식민지를 만드는 것이다.

- 조너선 스위프트, 『걸리버 여행기』

인간과 자연이라는 사회의 실체 및 사회의 경제 조직이 보호받지 못하고 시장경제라는 '사탄의 맷돌'에 노출된다면, 그렇게 무지막지한 상품 허구의 경제 체제가 몰고 올 결과를 어떤 사회도 단 한순간도 견뎌내지 못할 것이다.

- 칼 폴라니, 『거대한 전환』

콩키스타도르: 신의 분노 혹은 거대한 탐욕

아마존 강의 급류 위를 떠내려가는 뗏목. 소란스럽게 뗏목 위를 뛰어다니는 원숭이 떼를 향해 한 미친 사내가 울부짖고 있다. 에스파냐 왕의 식민지에 자신의 왕국을 건설하겠다는 야욕에 사로잡힌 사내는 반란을 일으킨 후 엘도라도 원정대의 대장을 죽였다. 그러나 황금의 땅은 어디에도 없었고, 정글 속에 몸을 감춘 원주민들이 쏘는 독화살을 맞고 부하들이 하나둘 죽어갔다. 심지어 자신의 친딸까지 잃고 사내는 광기에 사로잡혀 고함친다.

많은 문학 작품과 영화에서 에스파냐 정복자들의 이야기가 다루어졌지만, 독일 감독 베르너 헤어조크(Werner Herzog)의 1972년 작품 <아귀레, 신의 분노>(Aguirre, der Zorn Gottes)만큼 콩키스타도르의 잔혹함을 실감나게 보여준 경우는 많지 않다. 성격배우 클라우스 킨스키가 열연한 잔혹하고 광적인 콩키스타도르 아귀레(Lope de Aguirre)는 실존 인물이었다. 그는 1560년에 페루를 떠나 아마존의 전설 속 황금의 땅 엘도라도를 찾아간 우르수아(Pedro de Ursúa) 원정대의 일원이었다. 아귀레는 원정대원 300명을 이끌고 반란을 일으켰다. 그는 우르수아를 살해하고 자기 뜻을 거역하는 부하들을 무자비하게 처단한 후, 자신이 식민지의 왕이라고 선언했다. 이후 아귀레는 에스파냐 국왕이 보낸 군대에 잡혀 총살당한 후 머리가 잘리고 사체가 갈기갈기 찢겼다. 영화에서는 무모한 원정을 감행하다 모든 부하와 딸까

지 잃은 후 미쳐버린 아귀레가 홀로 뗏목을 타고 강을 떠내려간
다. 뗏목 위에 달려드는 원숭이들을 밀쳐내며 아귀레는 절규한다.

"나는 신의 분노요, 내 딸과 결혼하여 그녀와 함께 이 세상에 한 번도 존
재한 적이 없는 가장 순수한 왕국을 세울 것이다. 우리는 이 대륙 전체를
지배할 것이다. 영원토록. 나는 신의 분노. 누가 나와 함께할 것이냐?"

헤어조크의 영화에는 원정대를 이끈 인물이 우르수아가 아
니라 곤살로 피사로(Gonzalo Pizarro)인 것으로 그려지고 있
다. 각본을 직접 쓴 헤어조크 감독이 역사적 사실을 혼동한 건지,
아니면 스토리텔링의 필요에 의해 의도적으로 피사로와 우르수
아 원정대의 이야기를 뒤섞은 건지는 알 수 없다. 곤살로 피사로
는 잉카제국을 멸망시킨 프란시스코 피사로(Francisco Pizarro)
의 이복동생으로 우르수아 원정대보다 앞서 1541년에 220명
의 에스파냐 병사와 4,000명의 원주민을 이끌고 엘도라도를 찾
아 나섰다. 피사로 자신은 밀림에서 부하 대부분을 잃은 후 원정
을 포기하고 돌아갔지만, 그의 부하인 프란시스코 데 오렐라나
(Francisco de Orellana)는 최초로 아마존강을 가로질러 대서
양 연안에 도달했다. 오렐라나의 아마존강 탐험은 원정대의 일
원이었던 도미니크 수도사인 가스파르 데 카르바할(Gaspar de
Carvajal)에 의해 자세히 기록되었다.[1]

역사학자들은 근대 초기의 유럽 사회가 겪었던 혼란의 원인을 당시 유럽이 당면한 인구 증가와 자원 부족의 문제, 즉 '생태계의 한계'에서 찾기도 한다.[2] 가우스의 시험관 속 짚신벌레 개체군의 최대 크기(수용 능력)가 먹이의 총량에 의해 정해진 것처럼, 근대 초기의 유럽 사회도 생태적 한계에 직면하고 있었다. 16세기에 들어 유럽의 대부분이 폭발적인 인구 증가를 겪었다. 당시 유럽의 중심이라고 할 지중해 지역의 인구는 1500년경에 대략 3,000~3,500만 명에서 1600년이 되면 6,000~7,000만 명으로 한 세기 만에 두 배가 된다.[3] 유럽의 인구는 16세기 초에 맹렬한 속도로 증가했지만, 세기 후반부에는 증가세가 약화되었다.

브로델은 1600년경 유럽의 여러 나라에서 관찰된 인구 성장 둔화를 근거로 인구 부담이 경제 발전을 둔화시키고 사회적 갈등을 초래한 것으로 파악하였다.[4] 유럽 제국은 유럽 내부의 문제를 외부에서 해결하기 위해 해외의 식민지 건설에 나서야 했다. 그들은 식민지의 자원을 수탈하고 생태계를 파괴하며 근대적 세계질서를 구축해나갔다. 주경철 교수는 이같이 폭력적인 방식으로 세계화가 이루어진 과정을 '폭력의 세계화'라고 일컬었다. 즉 "폭력적인 관계의 구조화"를 근대 초기에 진행된 세계화의 핵심적인 특징으로 보았다.[5]

서양의 관점이 아닌 동과 서를 아우르는 새로운 세계사를 표방한 『실크로드 세계사』(Silk Roads)의 저자 피터 프랭코판

(Peter Frankopan)의 말을 빌리면, 서양 제국의 부상은 "대규모로 폭력을 행사할 수 있는 능력" 때문에 가능했다.[6] 식민지에서 착취해온 막대한 부가 있었기에 에스파냐, 포르투갈, 네덜란드, 프랑스, 영국의 차례로 서유럽이 역사상 처음으로 세계사의 중앙 무대로 진출할 수 있었다. 이전까지는 항상 그리스와 로마의 변방이었지만, 식민지 침략을 통해 비로소 가능해진 이들 나라의 문화적 부흥은 르네상스(Renaissance)가 아닌 '새로운 탄생'(Naissance)이었던 셈이다.[7]

인류의 고대사에서 오랫동안 미미한 존재로 머물렀던 유럽의 부상은 타 지역과의 교류에 의해 가능했다. 이런 관점에서 유럽의 어원인 유로파(Europa)의 신화는 매우 상징적인 의미를 가진다. 신화에 따르면 유로파는 크레타섬의 왕인 미노스의 어머니였다. 지금의 레바논 남부에 해당하는 고대 페니키아의 공주였던 유로파는 페니키아인들이 크레타의 아르고스왕의 딸을 납치한 것에 대한 보복으로 크레타인들에 의해 볼모로 잡혀왔다. 납치되어 강제로 끌려왔지만, 유로파가 서쪽으로 온 것은 고대 그리스 문명의 씨앗이 그 당시 그리스보다 훨씬 더 발전한 동쪽의 아시아 지역으로부터 전해져왔음을 상징적으로 보여준다.

영국의 사학자 노먼 데이비스(Norman Davies)가 얘기한 것처럼, 이후 유럽 문명은 끊임없는 이동으로 인한 불확실성과 불안정성 속에서 외부와의 교류를 통해 빠른 속도로 발전할 수 있었다.[8] 아메리카 대륙에 에스파냐의 식민지를 개척한 콩키스타도르는 이러한 외부와의 교류를 가장 폭력적인 방식으로 수행한 유럽의 전사들이었다. 그들의 욕망과 무력에 힘입어 에스파냐는 유럽의 국가 중 처음으로 해가 지지 않는 대제국을 건설할 수 있었다. 16세기 에스파냐 왕가의 문장에 적혀 있던 "Non sufficit orbis"(세상은 충분하지 않다)는 이러한 시대정신을 표상한다.

[생태학 노트 1] 콩키스타도르 vs. 외래 침입종

에스파냐와 다른 유럽의 정복자들이 아메리카 대륙을 시작으로 전 세계에 식민지를 확장해나가는 과정은 외래 침입종(invasive species)이 강한 천적이나 경쟁자가 없는 새로운 지역에서 서식지를 확장해나가는 과정과 흡사하다. 일본의 경제사가 미즈노 가즈오는 근대 이후 제국주의의 팽창 과정을 자본의 자기증식 과정과 연결 지어 설명한다.[9] 자본의 효율적 자기증식이 가능하려면 다량의 값싼 에너지와 자원을 투입해서 경제 시스템을 "보다 빨리, 보다 멀리, 보다 합리적으로" 가동시켜야 한다. 15세기까지 유럽은 이러한 효율적인 자본의 자기증식이 일어날 수 없는 "갇힌 공간"이었으나, 대항해 시대로 개막된 '장기 16세기'에 유럽의 제국주의자들은 자본증식을 위해 가장 손쉽고 효과적인 방법을 찾아냈다. 바로 무력을 행사하여 식민지를 "보다 빨리, 보다 멀리, 보다 합리적으로" 정복하는 외래 침입종이 된 것이다.

외래 침입종은 침입하는 지역에 원래부터 있던 토착종(native species)에게 영향을 주어 기존의 생물군집과 생태계를 크게 변화시킨다.[10] 외래종(exotics)의 침입은 원래 자연적인 현상으로 생물 진화를 가능하게 하는 중요한 기작 중의 하나다. 오늘날 문제가 되고 있는 것은 인간에 의해 의도적으로 도입되었거나 혹은 의도하지 않았는데도 다양한 인간 활동을 통해 유입되어 많은 생태계를 교란하는 유해 외래종이다. 식용이나 다른 목적을 가지고 우리 땅에 도입된 황소개구리나 뉴트리아처

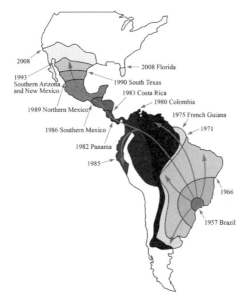

그림 8 외래종 아프리카귀화꿀벌의 아메리카 대륙 확산 과정

럼 사람이 의도적으로 외래종을 도입하는 경우도 있지만, 어떤 식물의 씨앗은 연구자나 여행객의 가방이나 신발에 묻어 남극 반도까지 유입되기도 했다.[11]

확산 속도가 빠른 대표적인 외래 침입종으로 아프리카귀화꿀벌(Africanized honey bees)이 있다. 이 꿀벌(*Apis melifera*) 잡종은 1956년에 브라질의 과학자들이 아프리카산 여왕 꿀벌을 들여와 기존의 유럽산 꿀벌과 교배시켜 만들어졌다. 이후 이 꿀벌들은 1년에 400km라는 가공할 속도로 북진해서 2008년에는 미국 캘리포니아까지 진출했다(**그림 8**).[12] 최근 들어서는 세계화나 기후변화처럼 침입종의 번식과 확산을 촉진하는 환경적 요인 때문에 종래에 관찰된 적이 없는 빠른 확산 속도를 보이는 종들이 속속 등장하고 있다. 지금 아프리카를 무서운 속도로 점령하고 있는 아메리카산 가을군대벌레(fall armyworm, *Spodoptera frugiperda*)가 대표적인 예다(**그림 9**). 이 벌레는 여러 식물을 갉아먹지만 특히 밀을 좋아하는데, 2016년에 나이지리아에서 처음 발견된 후 채 2년도 되지 않아 사하라 남단 아프리카 전역의 밀밭을 쑥대밭으로 만들고 있다.[13]

유해한 외래 침입종은 단순히 토착종 몇 종을 경쟁으로 제압하거나 먹이에게 포식 피해를 초래하는 데 그치지 않고 기존 생물군집을 유지하던 "생존의 근본 원칙"(fundamental rules of existence)을 변화시킨다.[14] 하와이의 외래 침입종을 오래 연구한 피터 비투섹(Peter Vitousek) 스탠퍼드대학교 교수는 외래종이 토착종을 제압하고 성공적으로 정착할 수 있는 일차적인 원인으로 자원 획득과 활용 측면에서의 유리함을 제시한다. 비투섹 교수가 연구한 외래 식물 *Myrica faya*는 영양분 질소를 고정할 수 있는 균근(菌根, mycorrhizhae, 균류와 식물 뿌리의 공생체)을 가지고 있어서, 질소가 부족한 화산재 위에 들어선 식물 군집의 초기 천이 과정 중에 다른 식물종과의 경쟁에서 매우 유리하다. 이 외래 식물이 침입하면 경쟁 관계의 식물종이 피해를 입는 정도에 그치지 않고, 질소 고정이 활발히 이루어진 결과 전체 생태계 차원에서 이용 가능한 질소의 양이 크게 증가하면서 생태계의 구조와 기능이 빠른 속도로 변화하게 된다. 하와이의 생태계가 한 외래종의 침입에 의해 이전과는 전혀 다른 천이 경로를 밟게 된 것이다.

이들 생물종보다는 느린 속도지만, 에스파냐의 콩키스타도르와 이후 유럽의 다른 정복자들은 침입종의 서식지 확장과 비슷한 양상을 보이며 식민지를 확장해나갔다. 둘 사이에 차이점이 있다면, 대등한 관계의

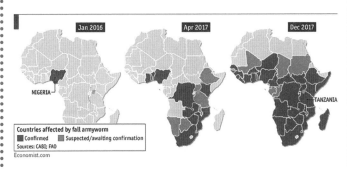

그림 9 외래종 가을군대벌레의 아프리카 확산 과정

경쟁자나 포식자가 없는 생물종과는 달리 유럽의 정복자는 아메리카의 선주민과 맞서야 했다는 사실이다. 즉 빈 땅을 발견하고 개척지를 세운 것이 아니라 남의 땅을 무력으로 뺏어야 했기에, 그 과정이 폭력적일 수밖에 없었다. 또한 에스파냐의 정복자들은 노다지의 소문을 듣고 몰려든 유럽의 다른 침입자들과도 극심한 경쟁을 벌여야 했다. 따라서 유럽의 정복자들이 천적과 경쟁자 없이 무한 북진을 한 꿀벌처럼 초고속으로 신대륙을 정복할 수는 없었다.

유럽의 정복자가 임자 없는 빈 땅을 최초로 발견하여 자기 나라 국기를 꽂고 소유권을 주장한 사례는 소수의 지역에만 국한되었다. 예를 들어, 1840년에 프랑스 해군의 탐험선 두 척이 오스트레일리아에서 멀리 떨어진 남극 대륙 연안의 한 섬에 상륙한 후 그 섬에 서식하고 있던 펭귄 무리를 쫓아내고 프랑스 국기를 게양했다.[15] 프랑스 군인들이 깃발을 꽂은 후 돌조각 몇 개를 채취하고 펭귄을 포획하는 등의 "평화적인 정복" 행위만으로 남극의 외딴 섬에 대한 영유권을 주장한 것과는 달리, 아메리카 대륙에서 유럽의 정복자들은 선주민이 살고 있는 땅에서 무력으로 선주민을 제압한 후 자신들의 식민지를 건설했다. 이러한 명백한 사실에도 불구하고 북아메리카의 광활한 텅 빈 공간이 미국만의 고유한 역사적 발전 경로를 가능하게 했다는 '프런티어 학설'(Frontier Thesis)이 오랫동안 미국의 역사학계를 지배하기도 했다.

미국 사학자 프레더릭 잭슨 터너(Frederik Jackson Turner)가 1893년에 「미국 역사에서 프런티어의 의미」(The Significance of the

Frontier in American History)라는 논문을 쓴 후, 한 세기 넘게 프런티어 학설은 미국의 역사학계에 지대한 영향을 미쳤다. 터너는 광활한 프런티어가 미국의 개인주의와 민주주의가 발전할 수 있는 터전이라고 믿었지만, 가르시아-히메노(Camilo García-Jimeno)와 로빈슨(James A Robinson)은 "프런티어의 신화"(the myth of the frontier)를 파괴하는 역사적 근거 자료를 제시했다.[16] 그들은 소위 프런티어라고 불릴 수 있는 넓은 지역이 19세기 아메리카의 다른 식민지에도 많았다는 자료에 기초하여, 프런티어의 존재 자체보다는 프런티어의 토지가 배분되는 시기에 어떤 제도적 차이가 존재했는지가 이후 식민지의 정치경제적 발전 과정에 더 큰 영향을 초래했다고 주장한다. 즉 토지로 대표되는 자원의 배분 방식을 정하는 제도가 각 식민지의 미래를 결정짓는 데 중요한 역할을 했다는 것이다. 소수의 지배엘리트가 자신들의 이익을 극대화하는 토지 배분정책을 편 남미의 많은 나라들은 덜 배타적이거나 보다 민주적인 자원 배분 시스템을 갖춘 다른 나라들과는 전혀 다른 미래를 가지게 된다는 것인데, 이 장 마지막 부분의 부록 [사례]에서 베네수엘라의 예를 더 자세히 살펴보기로 한다.

경건한 탐험?

스위프트가 『걸리버 여행기』에서 "경건한 탐험"이라고 비꼰 것처럼, 에스파냐 정복자들은 아메리카 대륙으로의 목숨을 건 탐험과 이후에 이어진 식민지 건설을 미개한 야만인들에게 기독교의 복음을 전파하기 위한 것으로 미화했다. 19세기 대영제국의 "문명화 사명"(civilizing mission)과 다르지 않은 식민주의를 정당화하는 논리이다.[17] 식민주의의 정의에 따르면 식민화는 한 인간 집단이 자신들의 이익을 위하여 다른 집단을 지배하는 과정이다. 다른 생명체에게 피해를 주면서 자신의 생존 공간을 확충한다는 면에서 앞서 살펴본 외래 침입종의 서식지 확장과 동일한 과정이지만, 정복자가 식민지 정복을 이념적으로 정당화한다는 차이를 가진다. 식민지를 뜻하는 영어 단어 colony의 어원은 라틴어 *colonus*로서 '농부'를 의미한다. 이 어원에서 짐작할 수 있는 것처럼 식민주의는 원래 새로 차지한 땅에 이주민을 정착시키는 것을 목표로 한다. 그러나 에스파냐의 정복자는 새 땅에 정착하고자 했던 농부가 아니라 황금에 눈이 멀어 무자비하게 원주민을 착취한 폭력적인 지배자였다.

하느님의 복음을 전파한다는 사람들이 어떻게 무고한 원주민들에게 야만적인 폭력을 가할 수 있는가? 이런 의문을 제기한 사람들이 정복자 사회 내부에서 등장하기 시작했다. 엘도라도를 찾지 못하고 페루로 돌아온 곤살로 피사로는 1544년에 카를 5세에 의해 초대 페루 총독으로 임명된 블라스코 누네즈 벨라(Blasco Núñez Vela)에 맞서 반역을 시도하였으나, 실패하여 참수당했다. 피사로와 그를 따르던 페루의 콩키스타도르들이 왕에게 반역을 감행했던 이유는, 누네즈 벨라가 원주민의 권익을 보호하기 위해 정복자의 이권을 제한하는 새로운 식민지 법안(Leyes Nuevas, New Laws)을 집행하려 했기 때문이다. 이 법은 '인디언의 수호자'라고 불린 가톨릭 사제 라스카사스(Bartolomé de las Casas)의 노력으로 만들어졌다.[18]

라스카사스는 콜럼버스가 오늘날 아이티와 도미니카공화국이 있는 카리브해의 히스파니올라섬에 건설한 식민지 산토도밍고(Santo Domingo)에서 활약했던 첫 정복자 세대의 일원이었다. 그는 에스파냐 정복자들이 원주민인 타이노(Taino)족에게 만행을 저지르는 것을 보고 죄의식을 느끼던 중, 노예제를 반대하던 도미니크 선교사 안토니오 데 몬테시노스(Antonio de Montensinos)의 설교를 듣고 자신의 과오를 반성하게 된다. 이후 원주민을 노예로 착취하는 식민지 정책에 반대하는 개인적인 투쟁에 나서며, 본국에 가서 식민지 정복자들의 만행을 고발하고 카를 5세 앞에서 인디오를 기독교인으로 개종시키기 위해서는 새로운 식민정책이 필요함을 역설했다. 탁월한 웅변가이자 로비스트이기도 했던 라스카사스는 카를 5세를 설득하여 나중에 피사로의 반역을 초래하게 되는 새 식민지 정책을 이끌어냈다.

라스카사스는 자신의 신념에 따라 인디오를 착취하지 않고 교화할 수 있는 새로운 식민지 건설 모델을 세우기 위해 베네수엘라로 향했다. 그러나 그의 식민지 사업에 자원하는 이민자가 없었기 때문에 자비를 들여 사람을 모집해야만 했다. 어렵게 베네수엘라에 도착했지만, 때마침 원주민들이 정복자들의 착취에 맞서 전쟁을 일으키는 바람에 새로운 식민지 건설 사업을 포기해야만 했다. 이후 가톨릭 사제가 된 라스카사스는 콩키스타도르의 착취로부터 원주민을 보호하는 데 앞장섰으며, 1551년에 발간된 책『서인도제도의 파괴에 대한 짧은 보고서』가 에스파냐 본국에서 큰 반향을 일으킴으로써 '인디오의 수호자'로 널리 알려지게 된다.

라스카사스의 책에는 그가 카를 5세 앞에서 고했다는 말이 이렇게 적혀 있다. "마지막 이유는, 수도 없이 죽고 파괴되었으며 무수한 기독교인도 생명을 잃었기 때문인데, 이는 오로지 단기간에 금을 얻고, 부를 늘리며, 또 다른 사람들과는 비교도 안 되는 높은 지위에 오르고자 원하기 때문입니다. 만족을 모르는 저들의 탐욕과 야욕이 원인이었습니다. [……] 무례를 무릅쓰고 폐하에게 탄원하오니, 포악한 자들이 일으키고, 추구하고 저지른 일, 이름하여 '정복'을 허락하지도, 용인하지도 마십시오."[19]

카를 5세가 본인의 노력으로 해가 지지 않는 대제국의 통치자가 된 것은 아니다.[20] 그는 에스파냐 왕실과 합스부르크 왕가의 정략결혼의 결과로 신성로마제국의 황제가 될 수 있었다. 네덜란드 땅에서 나고 자란 탓에 스페인어도 하지 못했던 그가 왕이 되기 위해 처음 에스파냐 땅에 발을 디뎠을 때만 해도, 백성들의 지지를 받기가 쉽지 않았다. 주걱턱 때문에 자주 침을 흘렸고 말도 어눌하게 했던 그를 좋아하는 사람은 많지 않았다. 국내의 정치적 기반이 취약한 상태에서 신성로마제국의 황제까지 된 그가 왕권을 강화하기 위해서는, 코르테스 같은 콩키스타도르들이 아메리카 식민지에서 보내온 금은보화가 너무나 소중했을 것이다. 라스카사스가 왕 앞에서 직접 식민지의 참혹상을 고발한 후, 가톨릭 군주로서 양심의 가책을 느끼고 새 식민지 법을 만드는 등 개선 노력을 보였으나, 그와 후계자들의 이성과 양심은 황금의 유혹 앞에 쉽게 무너질 수밖에 없었다.

탐험(exploration)에서 착취(exploitation)로

중남미 에스파냐 식민지의 인디오 수탈 체제인 엥코미엔다(encomienda)는 사회적 갈등의 근본 원인이었다. 위탁 혹은 위임이라는 의미를 가진 엥코미엔다는 말 그대로 국왕이 식민지 정복자에게 원주민을 위탁하는 제도다. 이 제도는 일종의 준봉건적인 노동력 수탈 체제로 로마시대에 처음 이베리아 반도의 식민지에서 시작되었다. 엥코미엔다는 이후 레콩키스타를 통해 그라나다에서 이슬람 세력을 내쫓은 후에도 시행된 적이 있으나, 에스파냐 식민지 개척을 장려하기 위해 1503년부터 중남미 전역에서 본격적으로 시행되었다.

자신의 자본과 병력을 동원하여 식민지를 개척한 콩키스타도르들은 에스파냐 왕실로부터 정복한 지역의 원주민들에게서 부역과 공물을 수탈할 수 있는 특권을 부여받았다. 정복한 땅은 왕실의 소유지만 엥코멘데로(encomendero)로 불린 정복자들에게 원주민을 보호한다는 명분 아래 원주민들로부터 노동력과 공물을 수탈할 수 있는 권한을 부여한 것이다. 엥코멘데로는 왕명에 따라 원주민들에게 기독교의 복음을 전파한다고 주장했지만, 실제로는 금광 채굴이나 환금작물 재배 같은 돈이 되는 식민지 개발 사업에 원주민을 징발하여 가혹하게 착취했다. 아즈텍의 정복자 코르테스의 경우 10만 명 이상의 원주민을 노예로 부렸다고 전해진다.[21]

엥코미엔다가 원주민을 가혹하게 착취하는 수탈 체제가 될 수밖에 없었던 이유는, 콩키스타도르가 식민지 개척에 나선 목적에서 찾을 수 있다. 에스파냐의 콩키스타도르와 이후 서구 제국주의 침략자들의 공통된 목적 한 가지는 바로 "최대한 빨리 부자가 되는 것"이었다.[22] 마르코 폴로의 『동방견문록』의 예에서도 알 수 있듯이, 중세시대에 동방을 다녀온 소수의 상인들은, 당대의 유럽인들이 금은보화와 진귀한 향신료가 가득한 신비한 아시아의 왕국들에 대해 환상을 갖게 만들었다.

1492년에 바하마 제도의 해안에 발을 디딘 콜럼버스의 손에도 마르코 폴로의 책이 들려 있었다. 콜럼버스는 그가 찾던 지팡구(Zipangu)섬, 즉 일본 열도 근처에 도착했다고 믿었다. 마르코 폴로의 책에는 지팡구가 황금의 땅으로 소개되고 있다. "주민들이 엄청난 양의 금을 소유하고, 금광은 결코 고갈되는 일이 없으며 [……] 대량의 거대하고 둥근 핑크색의 진주가 있는데 흰색 진주만큼이나 값어치가 있다."[23] 콜럼버스가 1503년에 자메이카에서 이사벨 1세와 페르난도 2세에게 보낸 편지에는 이렇게 적혀 있다. "라스인디아스를 발견했을 때 저는 라스인디아스가 이 세상에서 가장 풍요로운 땅이라고 아뢰었습니다. 제가 아뢴 것은 금, 진주, 보석, 향료…… 등입니다."[24] 그는 자신의 후원자인 두 군주를 실망시키지 않기 위해, 애타게 찾고 있던 금은보화와 향신료가 지천에 널린 것처럼 과장된 보고서를 작성했던 것이다.

　콩키스타도르들은 이슬람 세력에 의한 이베리아 반도의 지배와 이사벨과 페르난도가 주도한 레콩키스타까지 수세기 동안 지속된 전쟁을 통해 형성된 에스파냐 전사 집단의 후예들이었다. 변방의 약소국에 불과했던 카스티야는 안달루시아를 지배하고 있던 이슬람 세력인 우마이야 왕조가 쇠퇴하면서 지배적인 기독교 세력으로 부상했다. 카스티야의 이사벨 여왕은 이웃 왕국인 아라곤의 페르난도와 정략 결혼함으로써 통일 에스파냐의 기틀을 마련했으며, 이후 레콩키스타를 통해 이슬람 세력을 이베리아 반도에서 완전히 몰아내는 데 성공했다. 이달고(Hidalgo)라고 불린 카스티야의 하급 귀족들은 레콩키스타 과정에서 전공을 세워 왕족으로부터 안달루시아의 영지를 하사받았다. 척박한 카스티야의 고지대에서 가난하게 살던 이달고들이, 정복 전쟁을 통해 자기 땅에서는 꿈도 꿀 수 없었던 큰 부를 단기간에 거머쥐는 방법을 배우게 된 것이다. 아즈텍을 정복한 코르테스나 잉카를 멸망시킨 피사로 같은 많은 콩키스타도르들이 카스티야의 가난한 변경 지역인 엑스트레마두라(Extremadura) 출신이며, 이들의 한결같은 바람은 레콩키스타를 통해 얻은 전리품보다 훨씬 큰 부와 명예를 아메리카의 식민지 정복으로 실현하는 것이었다.[25]

1521년 8월 13일, 2년 6개월의 대장정 끝에 코르테스가 마침내 아즈텍의 수도 테노치티틀란(Tenochtitlan)을 완전히 정복했다. 단지 600명의 부하를 이끌고 인구 500만 명의 대제국을 정복한 것이다. 당시 테노치티틀란의 인구는 30만 명으로 에스파냐의 최대 도시였던 세비야의 두 배가 넘었다. 아즈텍 원정대가 멕시코 동부의 항구 도시인 베라크루스(Veracruz)에 처음 도착했을 때 코르테스에게는 100명 정도의 선원과 508명의 병사가 있었을 뿐이다.[26] 그의 부대에는 16필의 말, 32개의 활, 10문의 대포와 몇 정의 총기밖에 없었다. 그러나 이 무자비한 하얀 얼굴의 정복자들은 인디오들이 난생처음 보는 말 위에서 칼을 휘두르거나, 천둥번개 같은 굉음을 내는 대포와 총을 쏘며, 아즈텍의 황제 몬테수마(Montezuma)와 그의 신민들을 공포에 떨게 했다. 무엇보다 무서운 적은 바로 이들 백인 병사들이 옮긴 전염병이었다.

에스파냐 병사들이 휘두른 칼날과 그들이 옮긴 전염병에 수없이 많은 인디오들이 목숨을 잃은 후에, 몬테수마는 코르테스에게 밀사를 보내 황금 목걸이를 선물로 전했다. 오랫동안 아즈텍의 문화와 역사를 연구한 수도사 베르나르디노 데 사하군(Bernardino de Sahagún)이 원주민의 관점에서 아즈텍 사회와 그 역사를 기록한 『코디세 플로렌티노』(*Códice Florentino*)에는 황금 목걸이를 손에 들고 기뻐하는 탐욕스런 에스파냐 사람들의 모습을 다음과 같이 적고 있다. "그들은 원숭이처럼 그 금을 높이 들었다. [……] 가공할 정도로 금에 굶주려 있다. 걸신들린 굶주린 돼지처럼 금을 탐냈다."[27]

굶주린 돼지처럼 금을 탐한 코르테스 일당이 본국으로 보내온 전리품은 에스파냐 내에 지지 기반이 빈약했던 황제 카를 5세에게는 통 큰 선물이었다. 카를 5세는 코르테스가 보내온 전리품을 뽐내려고 그중 일부를 1520년 10월 20일에 벨기에에서 거행된 신성로마제국 황제 대관식에 가져갔다. 아즈텍의 금은보화가 브뤼셀의 시청사에 전시되었을 때 그 자리에 초대되었던 독일인 화가 알브레히트 뒤러는, 자신이 목격한 놀라운 광경을 이후 출간된 책에 짧고 건조하게 기록하였다. "나는 그들이 새로운 황금의 땅으로부터 왕에게 보낸 물건들을 보았다."[28] 정복자의 전리품을 통해 많은 유럽인들이 '황금의 땅'을 꿈꾸게 되었다. 카스티야의 많은 후배 전사들은 코르테스의 성공 신화를 보고 치솟는 아드레

날린을 주체할 수 없었다. 운이 좋은 이들은 투자자의 후원을 받았고, 그렇지 못하면 재산을 저당 잡혀 빚을 내어 원정 경비를 마련했다. 목숨을 걸고 미지의 신세계로 떠나는 원정이 줄을 이었다.

욕망의 크기 면에서 피사로는 그의 친척인 코르테스에 결코 뒤지지 않았다. 잉카의 황제 아타왈파(Atahualpa)를 인질로 잡은 후 몸값으로 금 13,000파운드와 은 26,000파운드를 갈취했다.[29] 전체 보물 중 에스파냐 왕실의 몫에 해당하는 5분의 1만 해도 26만 페소가 넘었으며, 선심 쓰듯 부하들에게 1인당 금 45파운드와 은 90파운드씩을 나눠주고 나서도 피사로는 약 6만 페소에 달하는 엄청난 부를 거머쥘 수 있었다. 200명의 병사와 말 30필만으로 거둔 성과였다. 정복은 목숨을 건 '고위험 고수익' 투기였던 것이다.

에스파냐 정복자들에 의한 아메리카 대륙의 착취는 볼리비아의 고산지대에 위치한 은광 도시 포토시(Potosí)에서 절정을 이룬다. '부유한 산'을 의미하는 체로 리코(Cerro Rico)는 세계 최대 규모의 은광석 매장지로, 1545년에 처음 은광 개발이 시작된 후 30년이 채 지나지 않아 인구 10만 명이 넘는 대도시가 되었다.[30] 1571년에 수은을 이용하여 광석에서 은을 효과적으로 추출하는 방법이 도입되면서 포토시의 은 생산량은 폭발적으로 증가하였고, 1580년부터 1620년 사이에 정점에 도달한다.[31]

포토시가 번영을 구가하던 시절, 사람들은 말발굽까지 은으로 만들고 축제 때는 교회 앞 길거리의 포석을 걷어내고 은으로 만든 연판을 깔았다. 피사로가 잉카제국을 정복한 후 스페인어에는 '페루만큼 가치가 있다'는 뜻의 '바레 운 페루'(Vale un Perú)라는 말이 생겨났는데, 체로 리코에서 은광이 발견된 후에는 돈키호테가 산초에게 '바레 운 포토시'(Vale un Potosí)라는 말을 던지게 된다. 카를 5세는 포토시에 '황제의 도시'라는 이름과 함께 "나는 풍요한 포토시 그 자체이고, 세계의 보물은 나의 것이며, 나는 모든 산의 왕이고, 모든 왕들의 선망의 대상이다"라는 글을 새겨 넣은 방패를 하사했다. 포토시의 은이 만들어줄 부를 좇아 정복자들뿐만 아니라 세계 곳곳의 상인들이 몰려들었다. 17세기 초에 이 화려한 도시에는 36개의 교회와 36개의 유흥장, 14개의 발레 학교가 있었다. 갈레아노가 말한 것처럼 포토시와 다른 광산도시들은 유럽이 아메리카의 부를 착취하기 위해 파낸 "거대한 갱구(坑口)"가 된 것이다.

아메리카의 식민지에서 약탈된 금과 은은 에스파냐뿐만 아니라 근대 유럽, 더 나아가서 세계 경제 발전의 원동력이 되었다. 특히 포토시를 비롯한 중남미의 주요 은광에서 유럽으로 대량 유입된 은은 마치 혈관을 타고 피가 흐르는 것처럼 유라시아 전역에 거미줄처럼 뻗어 있는 교역망을 순환하며 16세기 이후 세계 경제의 활력을 유지하였다. 이탈리아의 저명한 경제사학자 카를로 치폴라(Carlo M. Cipolla)의 추정에 따르면, 16세기부터 18세기까지 중남미 식민지로부터 총 8만 1천 톤 이상의 은이 에스파냐 본국으로 유입되었다.[32] 브로델의 좀 더 보수적인 추정에 따르면 1500년에서 1650년까지 150년 동안 아메리카산 은 1만 6천 톤 이 유럽으로 수입되었다.[33]

에스파냐에서 유럽을 넘어 유라시아 구석구석까지 흘러들어 간 은은 세계 교역의 유동성을 증진하고 대륙 간 무역의 발전 속 도를 증가시켰다. 이제 은이라는 효과적인 지불 수단을 갖게 된 유럽의 상인들은 유럽 시장에서 고가로 팔리는 각종 향신료와 도 자기, 인도의 직물 같은 아시아산 제품들을 마구 사들이기 시작했 다. 에스파냐의 정복자가 신대륙의 부를 착취하던 시기에 인도에 서는 이슬람 세력이 거대한 무굴제국을 건설하고 있었다. 인도에 유입된 아메리카의 은은 무굴제국의 부흥을 견인하는 주요 동력 이 되었다. 제국의 전성기에 황제 샤자한(Shah Jahan)은 단지 죽 은 아내를 추모하기 위해 상상을 초월하는 비용을 들여 세계 건축 사의 기념비적 건물인 타지마할을 세울 수 있었다. 역사학자 프랭 코판의 말을 빌리면, "인도의 영광은 세계 반대편 인디언들의 고 통의 결과"였는지 모른다.[34]

두 세기 동안 이어진 정복 전쟁의 결과, 1700년에 아메리카 의 에스파냐 제국은 지금의 뉴멕시코에서 남미 우루과이의 라플 라타(La Plata)강에 이르는 광대한 식민지를 차지하게 되었다.[35] 그러나 정복자들의 목숨을 건 탐험과 약탈이 모국 에스파냐의 지속적 발전으로 이어지지는 않았다. 갈레아노의 재치 있는 비유처럼 "소를 소유한 것은 에스파냐지만 우유를 마신 것은 다른 나라"였던 것이다.[36] 아메리카의 식민지에서 에스파냐로 흘러들어온 은과 다른 재화는 유럽의 부유한 상인들 수중으로 빠져나갔다. 거대한 왕국을 지키기 위해 끊임없이 전쟁을 치르거나 너무 쉽게 얻은 부를 감당하지 못하고 향락에 빠진 에스파냐 왕과 귀족들은 이탈리아와 네덜란드의 거상들에게 빚을 갚느라 재산을 탕진했다. 디트리히 슈바니츠가 독일인 특유의 냉소로 비꼰 것처럼, "그들은 칼뱅교의 부지런한 노동자들이 아니라 낮잠을 즐기는 가톨릭 귀족"이었기에 후발 주자인 네덜란드와 영국과의 경쟁에서 패할 수밖에 없었는지 모른다.[37] 1700년에 병약하고 정신박약자였던 카를로스 2세가 세상을 떠났다. 이후 혼인동맹을 통해 제국의 지분을 가지고 있던 유럽 국가들 간에 왕위 계승 전쟁이 일어나면서 에스파냐의 영토는 줄고 지배력은 약해진다. 해가 지지 않는 대제국의 영화가 채 두 세기를 넘기지 못하고 옛이야기가 되어버렸다.

"아마도 실크로드를 개척한 힘은 이윤이었을 것이다." 작가 김훈이 한 신문의 인터뷰 기사에서 정수일의 『실크로드 사전』과 『해상 실크로드 사전』을 언급하면서 한 말이다.[38] 작가의 말처럼, 이윤을 쫓아 아시아와 아메리카의 교역로와 식민지를 개척한 탐험가와 정복자를 문명과 교류가 뒤따랐으니, 약탈과 교역을 분명하게 구분하기는 쉽지 않다. 분명한 것은 앞서 얘기한 스피노자의 거미와 달리 콩키스타도르는 자신의 생존을 위해서가 아니라 한계를 모르는 탐욕을 충족시키기 위해 무수히 많은 무고한 타인을 희생시켰다는 점이다. 라스카사스는 야만의 시대에 저항한 인간 이성의 상징으로 볼 수 있을 것이다. 그러나 비인간적인 식민지 수탈을 반대하고 보다 합리적인 지배 시스템을 구축하려는 이들의 노력에도 불구하고, 에스파냐의 식민지 체제가 폭력에 기초한 수탈 체제임을 부인할 수는 없다.

프랜차이즈 제국의 무장한 투기꾼과 상인 콩키스타도르

에스파냐의 콩키스타도르들은 케인스(John Maynard Keynes)가 말한 '야성적 충동'(Animal Spirit)에 충실한 제국의 전사들이자 기업가들이었다. 아즈텍을 정복한 코르테스나 잉카의 정복자 피사로가 이런 '야성적 콩키스타도르'의 전형이라고 할 수 있다. 표면적으로는 왕명을 받들어 야만인들에게 기독교를 전파하고 에스파냐 제국의 영토를 확장한다는 사명을 실행하는 것으로 보이지만, 이들 독실한 전사들 대부분은 왕의 허가를 받은 "무장한 투기꾼"이기도 했다.[39] 미국의 역사학자 파슨스(Timothy H. Parsons)는 16세기 정복자들에 의해 건설된 사적인 제국 국가를 에스파냐 왕권의 허가에 기반한 "프랜차이즈 제국"으로 규정했다.[40]

이베리아 반도의 왕조들과 합스부르크 왕가 간의 동맹을 통해 신성로마제국의 황제가 된 카를 5세가 이제 아메리카의 식민지까지 포함한 해가 지지 않는 최초의 다대륙 대제국을 지배하게 되었지만, 유럽 내에서도 강력한 중앙집권적 권력을 행사할 수 없었던 황제가 배를 타고 몇 달이나 가야 되는 아메리카의 식민지를 직접 지배하는 것은 현실적으로 불가능했다. 따라서 식민지를 건설한 정복자들은 본국의 황제에게 약탈물의 일부를 프랜차이즈 허가권으로 지불하는 대신에 그들이 건설한 사적 제국에서 무소불위의 권력을 휘두를 수 있었다.

콜럼버스나 마젤란처럼 에스파냐 왕실의 지원을 받은 예외적인 경우도 있었지만, 대부분의 콩키스타도르들은 자비를 들이거나 투자자를 설득해 원정대의 경비를 조달했다. 그러므로 그들을 무력을 행사해 아메리카의 식민지를 개척한 군인 정복자로만 볼 것이 아니라, 이윤을 얻기 위해 고위험 투자처로 뛰어든 "제국 기업가"로 볼 수도 있다.[41] 엘도라도의 황금을 찾아 나선 무모한 탐험가들이 굶주림과 질병에 쓰러지거나 원주민의 화살에 맞아 죽었지만, 소수의 성공한 정복자들은 일확천금의 꿈을 이루었다. 그래서 정복 사업이 고위험 투자였음에도 계속해서 더 많은 투자자와 무장한 기업가가 프랜차이즈 제국의 건설에 뛰어들게 된다.

브로델은 『지중해: 펠리페 2세 시대의 지중해 세계』에서 17세기 네덜란드의 부상을 설명하는 장의 제목에서 다음처럼 질문했다. "어떻게 홀란드인은 총 한 방 쏘지도 않고 1570년부터 세비야를 장악할 수 있었을까?"[42] 전 세계 무역로를 장악한 네덜란드의 상인들은 에스파냐의 무장한 투기꾼들과 달리 정말 평화적인 장사꾼이었을까? 주경철 교수는 『대항해 시대』에서 이베리아의 정복자에 이어 17세기 이후 세계 무역시장을 장악한 네덜란드와 영국이 새로운 무역시장을 개척할 때 폭력을 사용한 것은 동일하지만, "폭력의 사용 자체가 목적이 아니라 경제적 이윤의 극대화를 위해 합리적으로 사용하고 결국 이를 통해 시장체제를 강요했다"라는 점에서 국가 권력과 자본이 적절하게 결합한 혁신적인 체제를 이루었다고 평가했다.[43]

네덜란드의 VOC는 무력을 동원한 교역이 이윤을 극대화하는 가장 효과적인 방법임을 누구보다도 잘 알았다. 그래서 조직 내에 상당한 규모의 병력을 유지하였고, 필요할 때면 언제라도 무력을 행사해 교역시장을 개척하였다. 아시아 교역을 위해 VOC가 치른 전쟁에 대해 조사한 최근의 한 연구 결과를 보면 VOC가 무역업체인지 아니면 무력집단인지 고개를 갸우뚱거리게 된다. 1661년 말에 VOC 소속 전체 병력의 절반쯤인 4,200명 이상의 군인이 주둔지 어디에선가 전쟁을 치르고 있었다.[44] 이 수치는 현지에서 고용한 원주민 병력을 제외한 숫자이니, 실제 VOC의 무력과 군사 활동의 규모는 훨씬 더 컸을 수 있다.

『로빈슨 크루소』의 작가 대니얼 디포는 상인이었다. 런던의 콘힐(Cornhill)에서 스타킹과 와인을 사고팔았다. 그가 1727년에 출간한 『완전무결한 영국 상인』(*Complete English Tradesman*)에는 그가 생각하는 이상적인 영국인 상인의 모습이 그려지고 있다.[45] 상인은 "무를 숭상하고 호전적인 군주들"처럼 오만하고 싸우기를 좋아해서는 안 되며 온건해야 한다는 것이 책의 핵심 메시지이다. 그러나 이러한 온건한 상인들이 식민지 시장에서 합리적인 상인 정신만으로 시장을 개척했던 것은 아니다. 로빈슨 크루소의 경우만 보더라도 비폭력 정신에 따라 친절한 말과 행동으로 야만인들을 개종시키려고 노력했다. 심지어 식인종들이 섬에 도착해도 그들에게 폭력을 휘둘러서는 안 된다고 얘기한다. 폭력은 "인간에 대한 배려의 원칙이라고는 전혀 없는" 에스파냐 정복자들이나 할 짓인 것이다. 그러나 식인종들이 목숨을 위협하자 분노에 찬 크루소는 무시무시한 폭력을 동원해 그들을 해치운다. 크루소의 분노는 평화를 내세우지만 자신의 이해를 관철시키기 위해서 결국에는 폭력에 의존하는 영국 상인의 이중성을 잘 보여준다. 네덜란드와 영국 상인의 자본 권력이 17세기 이후 자본주의 세계시장을 평정하는 데에는 사익을 추구하는 합리적 개인들 사이의 경쟁이라는 '보이지 않는 손'보다는 상인의 등 뒤에 '숨겨진 총칼'의 힘이 더 중요했는지 모른다.

[사례] 콩키스타도르의 유산, 베네수엘라

라스카사스가 인디오와 공존할 수 있는 새로운 식민지를 건설하고자 했으나 실패했던 땅에 세워진 베네수엘라는 현재 국가 붕괴의 위기에 직면해 있다. 2013년에 우고 차베스(Hugo Chávez)의 사망 이후 집권한 니콜라스 마두로(Nicolás Maduro)의 연이은 정책 실패로 인해 수년간 경제 위기가 심화되고 있다. 마두로의 실정을 규탄하는 국민들의 시위가 격화되자 2018년 5월에 조기 대통령 선거가 치러졌다. 그러나 마두로가 각종 편법을 동원하여 재임에 성공하자 2019년 1월에 반대파 수장인 국회의장 후안 과이도(Juan Guaìdó)가 대통령을 자임하고 나섰다. 미국을 포함한 세계 50여 국의 승인을 받은 과이도는 중국과 러시아의 지원을 받고 있는 마두로에 맞서고 있다.

극심한 정치적 혼란 속에서 경제는 끝을 모르고 곤두박질치고 있으며, 가난한 국민이 고스란히 피해를 입고 있다. 경제 위기가 본격화된 2016년 한 해 동안만 베네수엘라의 경제 규모가 10% 감소했으며, 식량 부족으로 인해 74%의 국민들이 평균 8.7kg 정도 몸무게가 줄었다.[46] 2017년 이후 초인플레이션을 겪고 있는 베네수엘라는 2017년에 1천 퍼센트 이상, 2018년에는 약 1백만 퍼센트의 물가 상승률을 기록했으며, IMF가 추정한 2019년의 물가 상승률은 1천만 퍼센트 이상이다.

국제인권단체인 휴먼라이트워치(Human Rights Watch)는 2019년 4월에 「베네수엘라의 인도주의적 긴급사태」(Venezuela's Humanitarian Emergency)라는 보고서를 통해 베네수엘라 국민의 인권 참상을 밝히며 UN의 즉각적인 대응을 촉구했다.[47] 이 보고서에 따르면 경제위기가 극심해지기 이전인 2004~2014년 사이에 벌써 인구 10만 명당 사망률이 450명에서 537명으로 약 20% 증가했다.

세계 최대의 석유 매장량을 보유하고 한때 남미에서 가장 부유한 국가였던 베네수엘라에 무슨 일이 생긴 것일까? 베네수엘라의 경제는 한마디로 석유 중독 경제다. 원유가 전체 수출량의 90% 이상을 차지한다. 석유를 판 돈으로 경제를 가동하기 위해 필요한 거의 모든 것을 수입한다. 심지어 화장지까지. 원유가가 상승했던 시기에 대통령이 된 차베스는 석유 수출로 거둔 막대한 재정수입을 발판으로 사회주의적 복지 정책을 펼쳐 빈민층의 지지를 받았다. 그러나 2014년부터 원유가가 급락하면서 석유에만 의존하던 베네수엘라 경제는 끝을 알 수 없는 몰락의 길에 들어섰다. 세계 최대의 석유 매장량에도 불구하고 파탄에 이른 베네수엘라 경제를 통해 사회적 갈등이 자원의 부족보다는 가용한 자원의 배분 방식에 의해 초래될 수 있음을 알 수 있다.

베네수엘라가 풍족한 부존자원을 효율적으로 활용하거나 배분하지 못하고 경제 파탄을 겪게 된 이유는 무엇일까? 현재의 위기는 과거에 뿌리를 두고 있는 경우가 많은데, 베네수엘라의 역사가 이를 잘 보여준다. '작은 베네치아'라는 나라 이름에서도 알 수 있듯이 초기 유럽 정복자들은 남미의 최북단에 베네치아 같은 아름다운 식민지를 건설하려고 했다. 독일의 대부호인 바르톨로뮤 벨저(Bartholomeus V. Welser)에게 큰 빚을 지고 있던 카를 5세가 벨저에게 식민지 경영권을 부여한 것이 식민지 베네수엘라의 시작이었다.[48] 과도한 식민지 수탈로 부를 축적하던 벨저 가문은 황제에 의해 경영권을 박탈당하고 아들 벨저(6세)가 다른 에스파냐 정복자에 의해 살해당하게 된다.

베네수엘라 사람들은 에스파냐 정복자들의 이익을 위해 장기간 유지되었던 엥코미엔다 체제의 유산을 아직도 극복하지 못하고 있는지 모른다. 에스파냐 제국으로부터 독립한 이후 오랜 세월이 흘렀지만, 여전히 베네수엘라의 지배엘리트는 풍부한 자원을 국민 모두를 위해서가 아니라 기득권층의 이익을 위해서만 사용하고 있다. 콩키스타도르의 폭력적 수탈은 쉽게 벗어날 수 없는 사회적 유산이 된 것이다. 폭력적인 식민지 문화는 베네수엘라뿐만 아니라 중남미의 여러 나라들에서 심각한 사회문제를 야기하고 있다. 최근 한 통계자료에 따르면 살인율이 높은 세계 50대 도시에 중남미의 도시가 43개나 포함되었다.[49]

유럽의 식민지였던 남미나 다른 지역의 저개발 국가가 처해 있는 가난과 불평등 문제가 과거 식민주의의 유산이라는 주장은 경제사의 주요 논쟁거리 중 하나이다. 『국가는 왜 실패하는가』의 저자인 대런 애스모글루(Daron Acemoglu) MIT 교수와 제임스 로빈슨 시카고대학교 교수는 유럽에서 건너온 지배자들이 식민지에 어떤 제도를 구축했는지에 따라 식민지에서 독립한 이후 경제 발전 정도가 차이가 나는지를 오랫동안 연구했다. 이들은 한 실증적 연구에서 흥미로운 가설 하나를 검정했다.[50] 본국과는 전혀 다른 환경을 가진 식민지에서 초기 이민자의 사망률이 높을 경우, 이민자가 직접 정착하기 위한 사회 시스템을 갖추기보다는 소수의 식민지 관리가 다수의 원주민을 수탈하여 그 이윤을 본국으로 송환하는 수탈적 제도(extractive institution)를 수립하게 되었다는 가설이다. 이는 앞에서 살펴본 남미의 엥코미엔다와 북미의 영국 이주민 정착지를 비교해보면 수긍하게 되는 가설이다. 이러한 주장을 뒷받침하기 위해 다양한 사료가 증거자료로 제시되었다. 예를 들어, 연구진은 75개 식민지에 체류하던 유럽 본국의 군인과 선원의 사망률 자료와 독립 이후인 1995년의 일인당 GDP를 비교했다. 국가 간 편차가 적지 않았지만, 식민지의 사망률이 높았던 국가일수록 현재 일인당 GDP가 낮은 경향을 보였다. 애스모글루 교수팀의 주장은 이후 학계에서 많은 논란을 불러일으켰지만, 베네수엘라 사태는 장기적인 식민지 유산의 폐해를 현재진행형으로 보여주고 있다.

5

세계화의 먹이그물

젊고 어리석었을 때, 나는 세상에는 많은 나쁜 생각
들이 있지만 정말로 끔찍한 사람들은 많지 않다고 믿
었다. 그러나 그런 끔찍한 인간들은 존재할 뿐만 아
니라 세상(의 많은 곳)을 지배하고 있다.

– 폴 크루그먼, 2018년 9월 22일 트위터글

부자가 되는 두 가지 방법이 있는데, 하나는 부를 만
들어내는 것이고 다른 하나는 다른 사람의 부를 빼
앗는 것이다. 전자는 사회에 이롭지만 후자는 해가
되는데, 부를 빼앗는 과정에서 부가 파괴되기 때문
이다.

– 조지프 스티글리츠, 『불평등의 대가』

진짜 승자는 누구인가?

2016년 11월에 치러진 미국 대통령 선거가 끝난 후, 트럼프의 당선을 전혀 예상하지 못했던 많은 미국인들이 패닉 상태에 빠졌다. 반대자들의 입장에서 보면 대통령이 되어서는 안 될 사람이 백악관에 앉아서 자신들이 지지하지 않는 정책을 밀어붙이니, 스트레스 지수가 올라가지 않을 수 없다. 그러나 다른 한편에서는 트럼프의 열렬한 지지자나 조건부 지지자들이 그가 공약한 대로 미국 최우선주의 정책을 강력하게 밀어붙일 것을 요구하고 있다. 트럼프 취임 직후 미국 방송국 CBS가 실시한 여론조사에서 조건부 지지자들의 80% 이상이 트럼프가 경제 문제를 해결하면 그에게 절대적 지지를 보낼 것이라고 응답했다.[1]

2018년에 스토미 대니얼스(Stormy Dainels)라는 예명을 가진 포르노 배우와의 스캔들이 터진 후에 실시된 여론조사는 매우 흥미롭다. 이 포르노 배우는, 트럼프의 세 번째 부인으로 퍼스트레이디가 된 멜라니아가 아이를 출산한 직후에 트럼프가 자신과 여러 차례 성관계를 가졌다고 폭로했다. 신앙심이 깊은 기독교도라면 이 부도덕한 추문에 크게 분노했을 것이다. 그러나 여론조사에 따르면 트럼프의 가장 강력한 지지 세력인 백인 기독교도 중 75%가 트럼프를 지지한다고 밝혔다.[2] 75%는 대통령 당선 후 조사된 백인 기독교도 지지율 중 최대 수치로서 전체 지지율 42%를 크게 상회했다.

트럼프 취임 후의 혼란상을 보도한 『타임』 기사가 정확하게 분석한 것처럼, 역시 복잡한 문제의 뿌리는 돈이었다. 기사를 그대로 인용하면, "미국에서 첫 번째 스트레스 요인은 여전히 돈이다". 성공한 기업가인 트럼프 개인의 도덕적 문제보다는 주머니 가득 돈을 채워주겠다는 CEO 출신 대통령의 말을 더 중요하게 생각하는 사람이 적지 않은 것이다. 트럼프가 미국인의 주머니에 돈이 부족하게 된 원인을 정확하게 파악하고 알맞은 해결 방안을 제시하고 있는지는 알 수 없지만 말이다.

이 장에서는 트럼프처럼 정치의 전면에 나서지는 않지만 세계 경제를 장악하고 정치판의 보이지 않는 '큰 손' 노릇을 하고 있는 현대판 상인 콩키스타도르의 모습을 살펴본다. 이전 시대와 달리 세계화 시대에 자본 권력은 가히 전 지구적 차원에서 가공할 영향력을 미치고 있다. 이러한 초국적 자본에 의한 자원의 독점 현상이 어떻게 자연의 민주적 자원 배분 원리와 배치되는지 살펴보고자 한다.

도금 시대(guilded age)의 강도 귀족

자크 앙리 라르티그(Jacques Henry Lartigue)는 "시간을 멈추는 특별한 장치"(Stop-Time Device)인 카메라로 어쩌면 역사의 한순간으로 잊혀져버렸을 20세기 초 프랑스 상류층의 소소한 일상사를 흑백의 정지화면에 고정시켰다.[3] 조숙한 천재 사진작가였던 라르티그는 8세부터 사진을 찍고 직접 현상까지 했지만, 70세가 다 되어서야 세계적인 명성을 얻게 되었다.[4] 1963년에 뉴욕현대미술관 큐레이터 존 차르코프스키(John Szarkowski)가 기획한 전시회를 계기로 천재 사진작가의 어린 시절 작품들이 뒤늦게 조명을 받은 것이다.

우연한 기회에 한 기업체 문화공간에 전시된 라르티그의 사진들을 관람하게 되었을 때 나는 그가 살았던 시대의 유복한 부르주아들의 행복한 일상 속으로 걸어 들어가고 싶다는 생각에 빠져들었다. 흑백의 사진이 과거의 한 순간을 정지시킨 시간의 통조림이라기보다는 몽환적인 느낌의 애니메이션처럼 느껴졌다. 마치 흑백의 활동사진이 과거와 현재를 연결하는 역사의 출입문이 되어 관객을 맞이하는 듯했다.

"그 순간 나를 행복하게 했기 때문에 사진을 찍었을 뿐이다"라는 라르티그의 말도 과장이 아닌 것이, 그가 찍은 가족과 친구들의 행복한 일상의 모습들은 평화롭고 행복해서 나른하다는 느낌마저 든다. 라르티그는 당시 프랑스에서 가장 부유한 집안에서 태어나 당시의 서민들은 꿈꿀 수 없었던 상류층의 호사스런 취미 생활을 즐겼고, 행복했던 순간순간을 고급 사진기로 흑백의 화면에 고정하였다. 전시장에는 자동차 경주같이 아드레날린 분비를 자극하는 여가 활동에 대한 사진이 많이 걸려 있다. 언덕 위에서 행글라이더를 타고 있는, 정확하게는 행글라이더 놀이를 하고 있는 신사들의 사진이 시선을 붙든다(**그림 10**). 한 사람이 행글라이더에 매달려 막 공중으로 비상하려는 장면인데, 자세히 들여다보면 조악해 보이는 행글라이더가 어떻게 하늘로 날아오를 수 있을지 걱정이 들기까지 한다. 사진의 구석까지 좀 더 시야를 넓혀보면 저만치 언덕 아래에서 행글라이더를 끌고 있는 한 사내의 모습이 눈에 들어온다. 20세기 초 풍요로운 유럽의 부유한 부르주아들은 잠깐 동안 하늘을 나는 쾌감을 얻기 위해 많은 돈을 들여가며 여가 활동을 했을 것인데, 그들의 행복한 순간은 누군가의 노

그림 10 자크 앙리 라르티그의 사진, <The Zyx 24 Takes Off, Rouzat, September 1910>

역이 있었기에 가능했던 것이다. 라르티그가 포착한 20세기 초 유럽의 부유한 부르주아의 일상은 소수의 상류층 부자들이 산업혁명과 자본주의 발전이 가져다준 물질적 풍요의 가장 큰 수혜자임을 잘 보여준다.

유럽에서는 자본가 계급에 의한 부의 집중이 최소한 두 세기 이상에 걸쳐 일어났지만, 대서양 반대편 미국에서는 그 속도가 훨씬 빨랐다. 기존의 상인 부자들과 달리 많은 신흥 자본가들이 철도, 석유, 철강 같은 제조업과 금융업을 통해 이전에는 꿈도 꿀 수 없었던 큰 부를 단기간에 축적했다. 짧은 시간에 큰 부를 얻은 미국의 졸부들은 사치스런 생활을 통해 그들의 부와 사회적 지위를 과시하려고 했다. 마크 트웨인은 1873년에 쓴 자신의 소설 『도금시대』(The Gilded Age: A Tale of Today)를 통해 19세기 후반 미국 사회의 극심한 사회적 모순이 마치 도금이 된 쇠처럼 물질적 풍요에 의해 감춰져 있다고 신랄하게 비판했다.

1883년에 세워진 뉴욕의 메트로폴리탄오페라(Metro-politan Opera)는 바로 도금시대 미국 졸부들의 과시욕을 잘 보여주는 증거물이다.[5] 벼락부자들이 자신의 사회적 위치를 과시하기 위해 뉴욕의 사교장과 문화계에 영향력을 행사하기 시작하면서, 특별석을 많이 갖추지 못했던 오페라장이 신구 부자 세력 간의 싸움터가 되었다. 메트로폴리탄오페라가 세워지기 전까지 뉴욕의 상류층은 뉴욕음악아카데미(New York Academy of

Music)의 개인 전용 관람박스를 이용했다. 19세기 중반까지만 해도 뉴욕 상류층 부자들은 대부분 상인들이었다. 19세기 초 서부 개척지에서 모피 교역을 시작해 미국 최초의 백만장자가 된 존 애스터(John Jacob Astor) 가문이 대표적 예이다. 이들 뉴욕의 상인 부자들이 18개밖에 없는 관람박스를 독차지하고 있는 것을 못마땅하게 생각한 이들이 있었다. 19세기 후반 미국의 도금시대를 이끈 신흥 갑부들이 뉴욕 상류사회의 주도권 쟁탈전을 시작한 것이다.

철도 재벌 코르넬리어스 밴더빌트(Cornelius Vanderbilt)의 아들 윌리엄 밴더빌트(William Vanderbilt)가 3만 달러를 내고 뉴욕음악아카데미의 관람박스를 사려고 했다가 거절당했다. 이에 분노한 밴더빌트는 록펠러(John D. Rockefeller)나 모건(J. P. Morgan) 같은 당대의 신흥 갑부들을 부추겨 일인당 만 달러의 기부금을 내게 해서 총 122개의 관람박스를 가진 메트로폴리탄오페라를 탄생시켰다. 새로 생긴 메트로폴리탄오페라와의 경쟁에서 이길 수 없었던 뉴욕음악아카데미의 주인은 1885년에 문을 닫으며 이렇게 말했다. "월스트리트와 싸워 이길 수는 없다."

이제 바야흐로 산업 자본가가 주도하는 자본주의의 새 장이 개막된 것이다. 자유주의 사상가들은 국가에 의한 통제가 없는 자유로운 시장경제를 소리 높여 외쳤으며, 승자독식의 무한 경쟁이 시대정신으로 자리 잡았다. 욕망과 무자비함에 있어서 둘째가라면 서러워할 많은 '포식성' 자본가들이 적자생존의 철학을 날것 그대로 주장했다. 이들 독점 자본가들은 자본주의 경제를 돌아가게 하는 무한 경쟁과 독점 현상이 사회를 진보시킨다고 믿었다. 3장에서 소개한 것처럼 철강왕 카네기는 "경쟁의 법칙을 단지 우리에게 이로울 뿐만 아니라 인류의 진보를 위해 불가피한 것으로 받아들이고 환영해야 한다"고 주장했다.

'IT 콩키스타도르'와 독점 금융자본의 네트워크

소수의 다국적 기업에 의한 자본의 집중은 인터넷 시대를 살고 있는 우리의 일상까지 크게 변화시키고 있다. 과학기술 칼럼니스트인 파하드 만주(Farhad Manjoo)는 『뉴욕타임스』의 한 과학기술 칼럼에서 미국인의 일상을 지배하고 있는 5대 IT 기반기업인 알파벳(구글의 모회사), 애플, 마이크로소프트, 페이스북, 아마존을 "공포의 5인조"(Frightful Five)라고 불렀다.[6] 2017년에 이 다섯 기업의 자본 총액은 2.7조 달러에 달했다. 보통 사람들이 쉽게 가늠할 수 없는 천문학적인 자본금 규모는 차치하고 우리가 사용하고 있는 이들 기업의 제품과 서비스의 리스트를 작성해 보면, 소수의 독점 기업들이 우리의 일상을 완전히 '정복'하고 있는 현실을 쉽게 확인할 수 있다. 칼럼의 저자는 "어쩔 수 없이 각 회사 제품을 포기해야 할 때 포기하는 순서대로 회사명을 표시하라"는 독자 설문을 실시했다. 그 자신은 아마존을 마지막에 포기했다고 했다.

우리나라에서는 아직 많은 사람들에게 인터넷 서점 정도로만 인식되고 있지만, 아마존은 미국뿐만 아니라 세계 곳곳에서 인터넷 유통 산업의 판도를 바꾸고 있다. 불과 20년 전에 창업한 기업의 주식 가치가 2017년 초에 4,000억 달러를 넘어 세계 5대 기업에 들었다. 아마존 주식 가치의 고공행진은 2017년 전반기 내내 지속되었다. 2017년 6월 2일자 『가디언』의 보도에 따르면 아마존의 가치는 4,750억 달러로 평가되었고, 전체 주식의 17%를 보유하고 있는 베이조스는 5개월 만에 자산이 200억 달러가 늘어서 총 자산 852억 달러를 보유한 전 세계에서 두 번째 부자가 되었다.[7] 이후 베이조스의 자산은 계속 증가하여 같은 시애틀 주민인 빌 게이츠를 제치고 2017년 7월 27일에 마침내 세계 최고 갑부가 되었다. 그는 2018년에 『포브스』(Forbes) 세계 부자 순위에서, 공식적으로 세계 최고 부자에 등극하였다. 2018년 3월 6일 기준 그의 재산은 총 1,120억 달러로 세계 최초로 1,000억 달러를 가진 개인이 된 것이다.

미국에서 온라인으로 판매되는 모든 제품들의 절반 이상이 아마존에 의해 거래되고 있다. 아마존의 연 매출액은 2017년 기준 1,360억 달러로, 구글의 모기업 알파벳보다는 50%가 많으며 페이스북의 네 배 이상이다. 최근 아마존은 막대한 자본력을 동원해 다양한 인터넷 관련 신규 사업에 투자하여 큰 수익을 거두고 있다. 대표적인 분야가 클라우드 서비스이다. '아마존 웹 서비스'(Amazon Web Services)의 규모는 경쟁 업체 세 개를 합친 것보다 더 크며, 미국 중앙정보국 CIA뿐만 아니라 기사를 보도한 『이코노미스트』의 홈페이지도 아마존의 서비스를 이용하고 있다.

아마존은 2017년에 전 세계에서 총 30만 명 이상을 고용하고 있었으며, 향후 미국에서만 신규 일자리 10만 개를 더 창출하겠다고 선언했다. 얼핏 보면 저성장 시대에 드물게 일자리를 지속적으로 창출하는 아마존은 미래 기업의 모범으로 보일 수도 있다. 그러나 아마존이 고용하는 많은 저임금, 계약직 일자리와 인공지능을 이용한 창고 자동화 사업을 자세히 살펴보면, 아마존의 무한 팽창과 고용 확대의 등식은 함정을 주의해야 하는 수학 문제만큼이나 조심스럽게 따져보아야 한다.

아마존의 직장 문화를 보도한 2015년 8월 15일자 『뉴욕타임스』 기사에는 2017년 6월 26일까지 총 5,858개의 댓글이 확인되었다. 애머스트(Amherst)에 사는 한 독자는 아마존의 어원을 얘기하며 노동자들에 대한 베이조스의 독재를 비꼬았다. 댓글을 그대로 옮기면 이렇다. "아마존이라는 단어는 '가슴이 없다'는 희랍어에서 유래하는데, 그 말은 여성 전사들이 궁사가 되기 위해 한 일을 나타낸다. 단어 자체의 정의에 따르면 여성 전사는 양육하는 어머니(nurturing mother)를 대표하지는 않는데, 베이조스는 기업명을 정하면서 틀림없이 이 단어의 의미를 염두에 두었을 것이다."[8]

아마존의 CEO 제프 베이조스는 『타임』이 선정한 2017년의 '가장 영향력 있는 인물 100인'이 되었다. 그를 추천한 사람은 버즈 올드린(Buzz Aldrin)이다. 바로 아폴로 11호를 타고 닐 암스트롱에 이어 두 번째로 달에 발을 내딛었던 우주비행사이다. 올드린은 추천사에서 어떻게 한 우주광(space geek)이 미국 우주 프로그램의 가장 중요한 후견인이 되었는지를 적고 있다.

제프 베이조스만큼 우주 탐사에 열광하는 기업가가 또 있으니, 바로 전기자동차 테슬라로 잘 알려진 일론 머스크(Elon Musk)이다. 머스크는 우주선을 개발하는 스페이스X의 CEO이기도 하다. 그는 자원 고갈과 기후변화 같은 멸종의 위협으로부터 인류를 지키기 위해 궁극적으로는 인류가 "다혹성종"(multiplanentary species)으로 발전해야 한다고 주장한다.[9]

머스크가 밝힌 화성 식민지 사업 계획에 따르면, 2024년부터 승객 100명을 태운 스페이스X의 우주선이 화성으로 향하게 된다. 머스크는 처음에는 항공료가 매우 비싸겠지만 점차 일인당 10~20만 달러 정도로 낮아질 것으로 기대하고 있다. 머스크가 꿈꾸는 인구 100만 명의 화성 식민지 건설을 위해서는 우주선을 최소 만 번은 화성에 보내야 한다. 머스크의 무모한 도전을 지켜보면 고위험 투자의 숨은 의도에 대해 의문을 갖게 된다. 테슬라의 경우 수익성을 고려하지 않은 무리한 투자의 결과, 채권을 포함한 대출 규모가 한때 100억 달러(약 11조 5천억 원)에 이르렀다.[10] 테슬라 회사채는 신용등급이 낮은 부실기업이 발행하는 정크본드로 취급되기도 했다. 조금 삐딱하게 머스크 같은 기업가들을 바라보면 다음과 같은 질문을 던질 수도 있을 것이다. 이전 시대의 콩키스타도르가 무장한 "제국 기업가"[11]였다면, 인터넷과 인공지능을 이용해 전 세계인의 일상과 심지어 화성까지 정복하려는 독점 기업가들은 21세기 글로벌 자본 제국의 'IT 콩키스타도르'라 부를 수 있지 않을까?

스위스 취리히대학교의 한 복잡계 연구 그룹은 다국적기업 43,000개의 네트워크 분석을 통해 세계의 부가 얼마나 소수의 거대자본에 집중되어 있는지를 보여주었다.[12] 그들은 Orbis2007이라는 전 세계 기업 데이터베이스로부터 43,060개 다국적기업의 자료를 추출하여 이들 기업에 의한 주식 보유량(shareholding)과 자본 흐름을 분석하여 147개의 핵심 기업들이 전체 네트워크가 보유한 부의 40%를 통제하고 있음을 확인했다. Top 20에 해당하는 기업들은 대부분 바클레이스(Barclays Bank), JP모건(JP Morgan Chase & Co), 골드만삭스(Goldman Sachs) 같은 금융회사다. 당신은 한국에 있는 회사를 위해 일한다고 믿고 있지만, 어쩌면 당신의 회사와 당신의 운명은 이들 거대 금융자본의 손에 달려 있는지도 모른다.

우리가 살고 있는 세계는 여전히 '콩키스타도르 자본주의'라고 부를 수 있을 만큼 소수의 엘리트에 의해 자원과 정보가 독점되고 있다. 이전처럼 노골적으로 폭력을 행사해서 타인의 몫을 강탈하지는 않지만, 소수의 현대판 콩키스타도르들이 세계의 자본과 자원을 독점하여 다수의 공존을 위협하고 있다. 브로델은 인간이 '물질생활'을 영위하며 만들어가는 "오랜 시간을 따라 천천히 진화하는 거대하고 구조적인 '장기 지속'의 역사"에서 자본주의를 깊은 바다 위의 잔물결 같은 일시적인 역사적 단계로 파악했다.[13] 긴 역사의 관점에서 자본주의는 인류를 찾아온 지 얼마 되지 않은 "밤의 손님"인 것이다.[14] 진화라는 장기 지속의 긴 흐름에서 존재를 지속하려는 생물들의 노력이 더 많은 종의 공존을 가능하게 하는 것처럼, 더 많은 사람들이 자원의 민주적 배분에 기초한 공생의 원리를 이해하여 콩키스타도르 자본주의의 갈등을 극복할 수 있는 미래를 상상해본다.

『에티카』의 마지막 문장에서 스피노자가 "모든 고귀한 것은 힘들 뿐만 아니라 드물다"[15]라며 한탄했던 것처럼, 대안을 찾는 노력이 짧은 시간 안에 결실을 맺기는 힘들어 보인다. 다음의 부록 [생태학 노트 2]에서는 자연에서 관찰되는 생명체의 물질대사 네트워크가 소수의 다국적 기업이 주도하는 독점적 자본 네트워크와 어떻게 다른지 살펴본다.

[생태학 노트 2] 자연의 보이지 않는 손

부족한 자원을 차지하기 위한 생물 간의 다툼은 자연의 일상사이다. 주어진 환경에 잘 적응할 수 있는 소수의 강자는 그렇지 못한 다수의 경쟁자를 제치고 경쟁의 전리품을 독차지하려 한다. 그러나 진화의 마법은 생태계의 자원이 소수의 강자에 의해 독점되는 것을 막아서 다수가 공존하는 길을 열어준다. 민주주의를 자원 배분의 관점에서 정의한다면, 다수의 공존을 가능하게 하는 생태계의 자원 배분 방식은 분명히 민주적이다. 인간 사회처럼 민주주의 이념을 전파하는 계몽주의자가 있는 것도 아닌데, 어떻게 자연에서 다수의 종이 부족한 자원을 효율적으로 활용하며 공존하는 것이 가능할까?

일부 사회성 동물 집단에서는 인간 사회처럼 서식지 이동이나 먹이 사냥 같은 중요한 의사결정이 다수의 동의에 기반하여 이루어지는 것이 관찰된다.[16] 다수의 구성원에 의해 공유되는 집단 결정이 경쟁이 심한 환경에서 그 집단의 자원 획득과 생존에 유리하기 때문에, 힘센 우두머리에 의한 일방적 결정이 아닌 다수에 의한 민주적 의사결정이 자연스럽게 집단의 조직 원리로 자리 잡는다. 이러한 집단 결정이 이루어질 수 없는 미생물과 식물 군집 내부에서 다수의 공존을 가능하게 하는 자원 배분은 어떻게 가능한 것일까? 자연의 보이지 않는 손이 어떻게 작동하길래 소수에 의한 자원 독점을 차단할 수 있을까?

물리학자 제프리 웨스트(Geoffrey West)는 생명체와 인간 사회

에 공통적으로 적용할 수 있는 물리적 규칙성을 오랫동안 연구하고 있

다.[17] 그가 분석한 바에 따르면, 세균, 식물, 생쥐, 코끼리 등 크기가 다른

다양한 생물체의 대사율은 생물체의 크기와 일정한 관계를 나타낸다(그

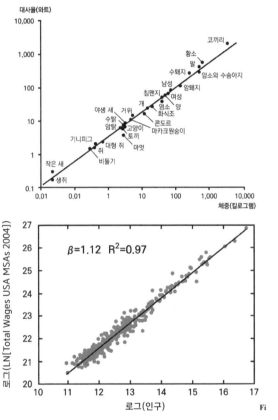

그림 11 생물체의 물질대사와 도시의 생산성에 나타나는 규모의 규칙성

림 11). 예를 들어, 동물의 몸무게가 증가할수록 물질대사의 효율성은 일정한 비율로 증가한다. 어떤 동물의 몸무게가 다른 종보다 100% 더 높다면, 즉 두 배 더 무겁다면, 호흡율은 100%가 아니라 75% 정도 더 높다. 무게가 더 나간다는 것은 세포 수가 더 많다는 것인데, 세포 수가 많아질수록 호흡의 효율이 25% 정도 증가하는 셈이다.

웨스트는 이러한 물질대사의 규칙성이 다양한 생물들이 세포나 분자 수준에서 공통적인 구성요소와 작용 방식을 가지는 데서 비롯된다고 설명한다. 이 구성요소들이 "민주적이고 효율적인 방식"으로 대사작용에 필요한 자원을 얻고 소비할 때, 생명의 기능이 유지되고 자손 번식이 가능하다. 주어진 환경 조건에 잘 적응할 수 있는 생물이 살아남아 대를 잇는 자연선택의 결과 지구상의 다양한 환경에 다양한 생물상이 출현한다. 이렇게 등장한 수많은 생물들이 겉으로 드러난 차이에도 불구하고 말단부의 기초 단위에서는 공통의 생리적 기작을 가진다. 세포 호흡이 이루어지는 미토콘드리아를 보자. 박테리아든 소나무든 생쥐든 코끼리든, 미토콘드리아에서 세포의 에너지 화폐라고 할 수 있는 ATP(아데노신에 인산기가 3개 달린 유기화합물)를 생성하는 기전은 생화학적 원리에 있어서 동일하다. 겉보기에는 다른 무수한 생물들이 근본에서는 동일한 생화학적 과정을 통해 주변 환경으로부터 획득한 자원을 세포 속에서 가공하면서 생명 유지와 번식에 필요한 에너지를 얻는다. 마치 분업과 전문화에 기반한 현대식 공장에서 제품 생산 시스템이 효율적으로 가동되는 것처럼, 생물 네트워크는 공통적인 생화학적 기제에 의해 가동되는 매우 효율적인 물질대사 시스템으로 볼 수 있다.

생명체를 작동시키는 무수한 구성요소 사이에 "위계적인 분지형 네트워크"(hierarchichal branching networks)가 형성되어 물질과 에너지를 쉴 새 없이 저장소와 말단부의 작업 현장 사이로 이동시킨다. 웨스트의 말을 빌리자면, "생물학적 시스템은 궁극적으로 에너지와 대사 물질 및 정보가 위계적 네트워크를 통해 공급되는 속도에 의해 조절된다." 웨스트의 설명을 하나의 생물 개체뿐만 아니라 생물과 물리적 환경이 복잡한 관계망을 이루고 있는 생태계에, 더 나아가서는 인간 사회에도 적용할 수 있을까?

웨스트와 동료 연구자들이 세계의 여러 도시를 대상으로 파악한 도시 규모와 사회경제적 지표 간의 상관관계를 보면, 생물체나 인간 사회나 다 같이 네트워크 형성에 따른 효율성 증대를 나타냄을 알 수 있다. 쥐와 코끼리를 비교할 때 관찰했던 '규모의 경제'가 도시 인프라를 구성하는 도로망, 전기선 및 가스 배관의 길이나 주유소의 숫자에서도 확인됐다. 도시 규모가 두 배가 될 때 도시 인프라는 생물 대사처럼 75%가 아니라 85% 정도 증가하는 경향이 있다. 물적 인프라와 달리 소득, 특허, 질병, 범죄, 오염 같은 각종 사회경제적 활동의 결과물은 도시 규모가 두 배 증가하면 대략 115% 증가한다.(**그림 11**의 아래쪽 그래프)[18] 이는 인간 사회 내에 형성되는 다양한 관계의 네트워크가 물적 인프라를 15% 정도 절약하는 반면에 협동과 혁신에 의해 사회적 자본을 15% 더 생산할 수 있다는 것을 의미한다.

하나의 세포부터 거대한 도시까지 생물학적 시스템을 작동하게 하는 어떤 공통의 원리가 존재하는 것일까? 이러한 공통의 원리를 찾던 과학자들은 에너지 동력학에 주목하였다. 앞서 3장 「자연의 민주주의」에서 소개한 경쟁 공식을 수립한 로트카도 진화의 과정을 에너지 관점에서 바라본 선구적인 연구자 중 한 명이다. 로트카–볼테라 방정식에 비해 잘 알려져 있지는 않지만, 그의 '최대 에너지 플럭스 원리'(Principle of Maximum Energy Flux)[19]는 생태계의 작동과 진화의 방향을 열역학적 관점에서 설명한 혁신적인 시도였다. 1922년에 『미국 국립과학원 회보』(PNAS)에 발표한 5쪽이 안 되는 짧은 논문에서, 로트카는 어떤 실험이나 관찰 혹은 수치모형에 기초하지 않고 순수한 이론적 고찰을 통해 생태계의 에너지 플럭스가 최대로 증가하는 방향으로 진화가 진행된다고 주장하였다. 어떤 생태계에 구성원이 이용할 수 있는 에너지원이 새로이 주어진다면 기존 생물군집의 구성은 그 생태계를 통한 '물질의 순환'(circulation of matter)과 '에너지 플럭스'(energy flux)를 최대가 되게 하는 방향으로 변화한다는 것이다. 따라서 주어진 자원의 제약 아래 '최대 에너지 플럭스 원리'가 곧 진화의 도로 위에서 생태계라는 차의 방향과 속도를 결정하는 운전자가 되는 셈이다.

로트카의 논문은 구체적인 사례나 실험적 근거를 제시하기보다는 이론적 고찰에 머물렀지만, 이후 다른 연구자들에 의해 보다 체계적인 이론으로 발전하게 된다. 그 대표적인 이론이 바로 엔트로피 법칙에 기초한 '최대 엔트로피 생성 이론'(Principle of Maximum Entropy

Production)이다.[20] 엔트로피 법칙으로 알려진 열역학 제2법칙은 물리적 현상뿐만 아니라 생명을 정의하고 설명하는 데에도 효과적으로 사용되어왔다. 이론물리학자 에르빈 슈뢰딩거(Erwin Schrödinger)가 엔트로피 개념을 대중화하는 데 그 누구보다 큰 기여를 했다. 1943년에 나치를 피해 고국 오스트리아를 떠나 아일랜드 더블린에 체류하던 슈뢰딩거는 트리니티 대학에서 400명의 청중을 대상으로 한 일련의 대중 강연을 가졌다. 그는 이미 10년 전에 그의 파동함수('슈뢰딩거 방정식')를 통해 양자역학의 수학적 기초를 세운 공로로 노벨물리학상을 수상한 명사였다. 강연의 핵심 질문인 "유기체의 공간적 경계 안에서 일어나는 시간과 공간 속의 사건들을 물리학과 화학으로 어떻게 설명할 수 있을까?"에 보다 체계적인 답변을 제시하기 위해 이듬해인 1944년에 슈뢰딩거는 『생명이란 무엇인가』를 출간했다.[21]

아직 유전자의 실체도 정확히 밝혀지지 않은 때였음에도, 슈뢰딩거는 당시의 최신 생화학적 정보에 기초하여 유전자에 새겨진 '암호문'(code-script)에 따라 세포의 구성과 유전 현상이 정해진다고 보았다. 물리학자로서 슈뢰딩거는 무엇보다 생명체가 우주의 모든 존재가 피할 수 없는 열역학 제2법칙을 어떻게 지연시키는지 설명하고 싶었다. 생명이 없는 물체는 주변에서 가해지는 마찰 때문에 운동을 멈추고 '열역학적 평형 상태' 혹은 '최대 엔트로피 상태'에 놓이게 된다. 생명체가 신비한 것은 비록 짧은 순간이지만 "활동이 없는 '평형 상태'로의 빠른 파멸을 면하기 때문"이다. 슈뢰딩거는 우리가 살아서 평형 상태로의 파멸을 피할 수 있는 이유가 "환경으로부터 '음의 엔트로피'(negative entropy)를 끌어들이기 때문"이라고 설명한다.[22]

용어의 모호성에 대해 비판하는 사람도 있지만, '음의 엔트로피'는 생명체가 "주변 환경으로부터 자신의 질서를 추출한다"[23]는 사실을 직관적으로 이해하는 데 매우 유용한 개념이다. '음의 엔트로피'란 무질서도를 나타내는 엔트로피의 반대 개념으로서, 생명체가 유지하고 있는 질서를 의미한다. 그러나 여기서 혼동하지 말아야 할 사실은 생명체를 유지하기 위한 모든 물질대사 과정은 궁극적으로는 '양의 엔트로피'를 산출하여 "최대 엔트로피 상태, 즉 죽음"을 향해 나아갈 수밖에 없다는 점이다.

생물체가 환경으로부터 '음의 엔트로피'를 끌어들여 평형 상태 혹은 죽음을 지연하는 과정에서 시스템 전체의 엔트로피 생성은 계속 증가하게 된다. 앞서 언급한 '최대 엔트로피 생성 원리'에 따르면 충분한 자유도를 가진 비평형 시스템은 내부의 엔트로피 생성을 최대화할 수 있는 조직 체계를 구축하게 된다.[24] 로트카가 주장한 것처럼 시스템 내에 가용한 에너지가 유입되면 생태계는 그 에너지를 사용하여 최대의 엔트로피 생성이 이루어지도록 자율적 구성원리에 따라 변화하게 되는 것이다. 에너지 동력학에 기초해 생태계의 변화를 설명하다 보면 생명 현상을 "물리학과 화학으로 어떻게 설명할 수 있을까?"라는 슈뢰딩거의 질문과 다시 마주하게 된다.

뜨거운 주전자 속의 물 분자나 군집을 이루는 생물 개체가 다 같이 외부 에너지의 유입에 항상 규칙적인 반응 패턴을 나타낼까? **그림 12**에 묘사된 것처럼, 물을 채운 용기의 어느 한쪽 판을 가열하면 양쪽의 온도 차이가 충분히 커질 경우엔 온도 프로필(temperature profile, **그림 12** a와 b의 파란 선) 양쪽에 대류 셀(convection cell)이 점차 강하게 형성된다. 양쪽 대류 셀 사이의 경계층(boundary layer)이 뚜렷해지면 규칙적으로 배열된 물 분자의 엔트로피는 감소하지만 외부로 방출되는 열이 증가하면서 생성된 엔트로피의 총량은 증가한다. 엔트로피 생성이 증가하는 만큼 질서정연한 시스템이 자율적으로 형성되는 것이다.

에너지가 가해지면 물 분자가 질서정연하게 배열되고 시스템 전체의 엔트로피가 증가하는 것과 마찬가지로, 생태계의 생물 구성은 항상 가용한 에너지를 사용하여 열을 생성함으로써 엔트로피 생성을 증가시키는 방향으로 진행된다(**그림 12**의 c). 생명체가 살기에는 너무나 열악한 환경에서 최초의 생명체가 탄생하고 이후 무수히 많은 생물종이 진화해온 복잡한 과정을 에너지 법칙 하나로 환원하여 설명하는 것에 의문이 들 수도 있다. 그럼에도 한 가지 분명한 점은 물질대사의 원료와 에너지가

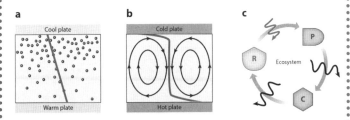

그림 12 물리 시스템과 생태계의 엔트로피 생성 비교. 생태계(c)는 세 가지 구성요소로 이루어짐(P:생산자 C:소비자 R:분해자)

지속적으로 유입된다면 생명의 수레바퀴는 끊임없이 돌아간다는 사실이다. 그 수레바퀴는 장기적인 진화 과정에서 엔트로피 생성을 최대로 증가시키는 방향으로 굴러가면서 종다양성을 증가시킨다.

최대 엔트로피 생성 원리에 비추어볼 때 자본주의 경제 체제의 효율성은 어떻게 평가할 수 있을까? 소수에 의한 자본 독점 과정은 경쟁 체제의 위너에게는 축복일지 모르지만, 장기적인 관점에서 전체 사회경제시스템의 물질대사를 효율적으로 유지할 수 없는 문제가 있다. 그리스 정부의 재무장관을 역임한 바 있는 경제학자 야니스 배루파키스는, 마르크스가 자본주의를 비판한 이유가 자본주의 체제가 단지 불공정(unfair)해서가 아니라 비합리적(irrational)이기 때문이라고 했다. 자본수익률만 생각하는 자본가는 유휴 자금이 넘쳐나더라도 위험이 따르는 실물 투자를 회피하고 고도의 금융공학을 활용한 손쉬운 돈벌이를 선호한다. 이러한 자본가의 '합리적' 이윤 추구 행위는 사회적 생산을 위한 물질대사의 효율성 측면에서는 지극히 비합리적인 행동이다.[25] 이어지는 마지막 장에서는, 진화의 긴 여정 위에서 생태계 물질대사의 바퀴를 굴리는 보이지 않는 손이 자본 권력의 자원 독점에 의해 비틀거리는 사회경제시스템도 제대로 굴러가게 할 수 있을지 모색해본다.

6
절대민주주의를 위한 생태학적 상상력

지구의 자원은 모든 사람의 필요를 충족시키기에는 충분하지만 모든 사람의 탐욕을 충족시킬 만큼 충분하지는 않다.

– 마하트마 간디

자연이 인간이 해결하도록 부여한 인류 최대의 문제는 규범을 집행하는 보편적 시민사회를 달성하는 것이다.

– 임마누엘 칸트,
『세계주의 관점에서 본 보편적 역사론』

생명의 못

인도 북서부의 히말라야 고산지대에서 발원한 갠지스강은 북인도를 횡단하여 동쪽의 벵갈 만으로 흘러간다. 강은 방글라데시 국경과 인접한 파라카 바라지(Farakka Barrage)에서 둘로 갈라진다. 거기서 본류는 방글라데시 남부로 계속 흘러가고, 강물의 일부는 지류인 후글리(Hooghly)강을 따라 남쪽의 콜카타(Kolkata)를 거쳐 벵갈만에서 2,500km가 넘는 긴 여정을 마친다. 갠지스강을 대상으로 한 연구 사업의 일환으로 발원지부터 최하류까지 강의 주요 지점을 조사했던 2018년의 일이다. 콜카타의 후글리강 조사 지점 바로 옆에 콜카타 수목원이 있었다. 언젠가 법정 스님의 인도 여행기에서 읽은 나무 이야기가 생각이 나서 수목원에 있다는 그 특별한 나무를 보러 갔다. 거대한 반얀나무(The Great Banyan)는 가지에서 땅속으로 기근(氣根, aerial root)을 내려서 가지를 지탱하며 옆으로 계속 퍼져나가 넓은 군락을 이루고 있었다.

"지구의 자원은 모든 사람의 필요(need)를 충족시키기에는 충분하지만 모든 사람의 탐욕(greed)을 충족시킬 만큼 충분하지는 않다." 반얀나무 군락의 가장자리에 세워진 푯말에 적힌 간디의 말은 이 거대한 나무가 상징하고 있는 생명의 비밀을 한 문장으로 풀어내고 있는 것처럼 보였다. 마치 문인화의 오묘한 뜻이 그림 옆에 적힌 시구 몇 마디에 의해 분명해지는 것과 같은 이치다. 정문 반대편에 위치한 반얀나무 군락을 찾아 먼 길을 걸으면서 수목원 곳곳에 세워져 있는 푯말을 보고 인도인 특유의 독특한 언어 감각과 위트에 미소를 지었다. 누가 생각해냈는지 운을 맞추기 위해 적절한 단어를 찾아서 배치한 재주가 참 남다르다. 인상적인 글귀 몇 가지는 아직도 생각이 난다. "Cleanness is next to godliness"(청결은 성결 다음이다). "Join the revolution, stop the pollution"(혁명에 동참해서 오염을 중단하라). 간디가 인도인의 타고난 언어 감각으로 운을 맞춰 선택한 두 단어 필요(need)와 탐욕(greed)은 영어 철자 한두 개 차이지만, 그 의미와 사회적 파장을 생각하면 두 단어의 차이는 글자 수로는 도저히 가늠할 수 없을 만큼 크다.

이 나무의 정확한 수령은 알려져 있지 않지만 적어도 250년은 넘는 것으로 추정되고 있다.[1] 19세기에 두 차례 심한 태풍 피해가 발생했고, 1925년에는 곰팡이에 감염된 본 나무줄기를 베어내야 했다. 생명을 위협하는 재난에도 불구하고 나무는 계속 옆으로 퍼져나가 현재 군락의 둘레 길이가 자그마치 330m에 달한다. 현재 총 4,000개 이상의 기근이 기네스북이 공인한 단일 수목으로는 최대 둘레를 가진 거대한 몸집을 지탱하고 있다. 신기하게도 나무는 해가 뜨는 동쪽으로만 계속 뻗어나가고 있는데, 마치 그 모습이 동쪽으로 걸어가는 것 같다고 해서 '걷는 나무'(Walking Tree)라는 별명까지 얻었다.

이 거대한 반얀나무는 수많은 가지와 뿌리의 연결망 속에 제프리 웨스트가 얘기한 끊임없이 가지를 치고 뻗어나가는 생명의 기본 원리를 체현하고 있다. 줄기와 뿌리는 햇빛과 땅속의 양분을 찾아 빈 공간으로 뻗어나간다. 물과 양분이 전달되는 범위 내에서 군락의 각 부분이 서로 연결되어 한 개체로서 나무의 생명을 유지한다. 거미줄처럼 복잡하게 얽혀서 사방으로 뻗어나가는 나무 군락을 바라보고 있으면 생태계의 공존 원리를 되새기게 된다. 좁은 공간에 수많은 개체가 이웃하며 살더라도 각자 개체 보존에 필요한 정도만 충족하고자 할 경우엔 모두의 공존이 가능하다.

그러나 자신만 생각하는 탐욕스런 침입자는 전체 생태계의 미세한 균형을 깨뜨리고 타인을 희생하여 자신의 몫만 늘리려 한다. 1925년에 반얀나무의 본 줄기를 감염시켜 큰 피해를 주었던 곰팡이도 아메리카를 정복한 콩키스타도르도 모두 이런 침입자인 셈이다. 반얀나무가 곰팡이에 감염되었을 때, 나무 전체를 살리려고 감염된 본 줄기를 베어낸 것은 불가피한 선택이었다. 수목원 관리인들은 침입자 곰팡이의 생존 원리가 공생이 아닌 기생이라는 점을 잘 알고 있었다. 침입자의 '탐욕'은 전체 생태계의 균형을 깨뜨려 각 구성원의 생존을 위한 적정 수준의 '필요'가 더 이상 충족될 수 없게 만든다. 따라서 침입자를 통제하는 것만이 전체가 공존할 수 있는 유일한 방법이다.

간디의 열한 가지 맹세 중 다섯 번째는 '훔치지 않기'(nonstealing)다. 간디는 자신이 정말로 필요하지 않은 것을 받는 것만 으로도 도둑질이 된다고 했다. 왜냐하면 "자연은 우리의 일상적 필요에 꼭 충분한 정도만 주고 더 이상은 주지 않기 때문"이다.[2] 간디의 말은 스피노자의 "신, 즉 자연"(Deus seu Natura)의 의 미를 되새겨보게 한다. 그 자체의 필연성에 따라 존재하고 작용하 기 때문에 자연에는 넘치는 것도 모자라는 것도 있을 수 없다.[3] 자 신이 필요하지 않은 것을 받기만 해도 도둑질이라면, 남의 것을 탐하는 일은 남지도 모자라지도 않는 자연의 균형을 깨트리는 큰 죄가 된다.

2009년에 콜카타 출신의 저명한 과학자를 기리고자 '아차 리아 자가디쉬 찬드라 보즈 인도 식물원'(Acharya Jagadish Chandra Bose Indian Botanic Garden)이라는 긴 이름으로 개 명한 콜카타 수목원은 일반적으로 알려진 이름과 달리 콜카타와 후글리강을 사이에 두고 있는 이웃 도시인 하우라(Howrah)에 위치하고 있다. 기차를 타고 처음 콜카타에 도착한 사람이라면 콜 카타가 아닌 낯선 역 이름을 보고 고개를 갸우뚱하게 된다. 그 역 이 바로 하우라역이다. 1786년에 영국동인도회사(British East India Company) 소속 장교인 로버트 키드(Robert Kyd)가 이 수목원을 설립하였다. 설립 목적은 티크(teak)나 향신료같이 경 제적 가치가 높은 수목이나 초본을 재배하는 것이었다. 수목원은 이후 중국에서 차나무를 도입해서 히말라야의 산간 지대에 널리 보급하는 일도 주도했다. 차는 지금은 인도인에게는 없어서는 안 될 일상의 음료가 되었지만, 외래종인 차나무가 인도 아대륙에 본격적으로 심기기 시작한 것은 불과 3세기가 안 되는 최근의 일이다. 반제국주의적 관점에서 보자면, 수목원은 영국이 인도 식민지의 생물자원을 수탈하고 자연환경을 파괴하는 데 중심적인 역할을 한 셈이다. 제국주의는 무력을 기반으로 본국의 제도와 문화를 식민지에 이식할 뿐만 아니라 식민지의 자연도 변화시켰다. 크로스비(Alfred W. Crosby)가 얘기한 유럽과 아메리카 신대륙 간 콜럼버스의 교환(Columbian Exchange)[4]을 인도에서는 영국동인도회사가 상업적 교환의 형태로 주도했던 것이다.

스피노자의 시대부터 21세기까지 짧지 않은 기간 동안 근대사회의 정치경제적 변화를 자원 배분의 관점에서 정리하는 것은 쉽지 않은 일이다. 그러나 개략적으로나마 근대의 주요 시기를 살펴보면서 한 가지 분명해진 점이 있다면, 근대가 야만적인 폭력과 그로 인한 공포에서 벗어나기 위해 보다 이성적인 사회를 건설하기 위해 노력한 시대였다는 사실이다. 계몽이라는 말을 처음 사용한 베르나르 드 퐁트넬(Bernard Le Bovier de Fontenelle)이 말한 것처럼, 계몽주의자들은 근대 이후에는 "나날이 더욱 계몽되어 그에 비하면 이전의 모든 세기들은 어둠 속에 망각될 것"이

라고 믿었다.[5]

그러나 그 노력에는 한계가 있었다. 한때 계몽의 횃불이 활활 타오르는 듯했지만, 진정한 이성의 시대가 도래하지는 못했다. 종교혁명으로 중세 봉건제를 떠받치던 가톨릭적 구질서가 파괴되는 과정에서 참혹한 전쟁이 이어졌으며, 칼뱅주의자와 청교도는 상인과 정치가라는 새로운 지배자와 동맹관계를 구축했다. 이성의 시대를 꿈꾸었던 이들의 바람과는 달리 제사장과 무사 및 상인으로 이루어진 새로운 엘리트 연합이 보다 은밀한 공포의 시대를 지배했다. 존 버거가 얘기한 것처럼, 렘브란트같이 예민한 예술가의 작품에는 근대라는 환하게 불 밝혀진 무대의 뒤편에 짙게 드리워진 어둠이 포착되어 있다. 스피노자는 거기서 한 걸음 더 나아가 어둠을 직시하고 어둠 너머 어렴풋이 비치는 새로운 세상에 대해 얘기했다. 그때까지 누구도 얘기한 적이 없는 진정한 인간 해방과 절대민주주의를 상상했기 때문에, 네그리의 말처럼 그의 사상은 동시대인들에게는 너무나 이질적인 "야성적 파격"이었다.

『녹색세계사』(A Green History of the World)의 저자로 잘 알려진 클라이브 폰팅(Clive Ponting)은 『진보와 야만: 20세기의 역사』에서 20세기의 진행 과정을 "진보와 야만 사이의 투쟁"으로 보았다.[6] 유럽과 미국의 엘리트들이 18세기 계몽주의에 뿌리를 둔 역사적 진보에 대한 믿음 때문에 20세기를 중단 없는 진보의 시기로 보지만, 폰팅은 지난 세기가 진보보다는 오히려 야만의 시대에 가까웠음을 주장하기 위해 8,500만 명의 사상자가 발생한 2차 세계대전 같은 구체적인 증거 자료를 제시한다. 앞에서 스피노자의 시대와 21세기 자본주의 사회를 비교해보았을 때 장기 16세기 이후의 전체 근대사에 걸쳐 끝없이 되풀이되고 있는 폭력적 지배 질서를 확인할 수 있었다. 소수에 의한 자본의 집중과 그에 따른 자원과 소득의 불평등 문제는 날이 갈수록 심화되고 있다. 계몽주의자들은 사회계약을 통해 만인이 평등하게 생존권을 보장받게 될 거라고 주장했지만, 민의를 대변해야 할 정치권력은 여전히 자본의 이해를 최우선적으로 고려하고 있다. 우리가 당연시하며 받아들여 온 근대의 기본 가정이 올바른지 따져볼 때가 온 것이다. "읽지 않은 책"인데도 읽었다고 오해했던 책들을 꼼꼼히 읽어서 문제의 원인을 제대로 분석해야 한다.

카탈락시(Catallaxy), 혹은 진보의 환상?

근대의 기본 가정에 심각한 오류가 있을 수 있지만 많은 이들이 여전히 인간의 이성과 창의성이 모든 문제를 극복하고 이전보다는 항상 더 나은 미래를 가져다줄 것이라는 낙관적 믿음을 지니고 있다. 진보에 대한 믿음은 계몽주의가 미래 세대에 남긴 가장 거대한 유산일지 모른다.[7] 무엇보다도 계몽사상가들은 자유주의의 이론적 토대를 다져서 이후 자유주의가 근대 자본주의 체제의 지배적인 이념으로 자리 잡게 했다. 자유주의는 지난 400년 동안

근대사회를 지배한 가장 성공적인 아이디어로 평가되고 있다.[8]

1980년대 말, 구소련과 동구권의 몰락에 고무된 프랜시스 후쿠야마(Francis Fukuyama)는 자유민주주의는 "인류의 이데올로기 진화의 종점"으로서 "역사의 종말"이라고 선언했다. 그는 "자유민주주의 '이념'은 더 이상 개선할 여지가 없을 정도로 완벽한 것"이라고 주장했다.[9] 그러나 2008년 이후 지속되고 있는 경제위기를 겪는 과정에서 지난 30년 이상 세계경제를 지배한 신자유주의에 대한 신뢰가 바닥까지 떨어졌으며, 점차 자유주의 사상의 기본 전제에 대해 의문을 제기하는 사람들이 늘고 있다.

예를 들어 『왜 자유주의는 실패했는가』(*Why Liberalism Failed*)라는 도발적인 제목의 책에서, 미국 노트르담대학교의 정치학 교수인 패트릭 데닌(Patrick Deneen)은 자유주의의 주장과 역사적 경험 사이의 간극이 너무 커져서 이제 더 이상 자유주의의 거짓말이 통하지 않게 되었다고 주장한다. 데닌은 자유주의를 홉스와 로크가 주춧돌을 놓은 근대 정치철학의 관점에서 조망한다. 데닌의 진단에 따르면, '자기 극복'(self-mastery)을 통한 개인의 해방을 믿었던 이전 시대의 철학자들과 달리 자유주의는 '자기표현'(self-expression), 즉 욕망의 충족만을 부추겨 이기주의와 물질주의가 만연한 시대를 초래했다.

당신의 생각이 근대의 낙관론에 얼마나 영향을 받고 있는지 확인해볼 수 있는 간단한 테스트가 있다. "인류 최고의 날은 아직 오지 않았는가"라는 질문에 대해 당신은 어떻게 답할 것인가? 진보를 주제로 한 멍크 디베이트(Munk Debates)에서 이 질문을 두고 21세기의 내로라하는 글쟁이와 달변가 넷이 모여 설전을 벌였다.[10] 이 토론회는 캐나다의 자선사업가인 멍크 부부가 후원하는 행사로, 일 년에 두 번 세계적인 유명 인사들을 패널로 초빙해서 두 편으로 나눈 후 최근 쟁점이 되고 있는 사회적 이슈에 대해 토론을 벌인다. 3,000명의 청중은 토론 전후에 각각 한 번씩 어느 편의 주장에 더 공감하는지 투표한다. 그 결과를 비교해보면, 청중이 기존에 가지고 있던 생각뿐만 아니라 토론자의 영향으로 생각이 어떻게 바뀌는지도 확인할 수 있다. 그동안 토론회 패널로 헨리 키신저나 토니 블레어 같은 정치가뿐만 아니라 폴 그루그먼 같은 학자나 파리드 자카리아(Fareed Zakaria) 같은 유명 언론인도 초청되었다.

2015년 11월 6일의 토론회에는 스티븐 핑커(Stephen Pinker)와 매트 리들리(Matt Riddley)가 낙관론자 팀을 결성해 인류의 중단 없는 진보를 주장했고, 상대편의 비관론자로 알랭 드 보통(Alain de Botton)과 맬콤 글래드웰(Malcolm Gladwell)이 서구식 진보관의 한계를 비판했다. 세계적 베스트셀러 저자 넷을 한자리에서 볼 수 있을 뿐만 아니라 글쟁이 넷 사이의 설전을 구경할 수 있으니 비싼 관람료를 낼 가치가 충분한 '글로벌 인텔리 빅매치'다. 막상막하의 박빙전을 기대했던 사람들에게 결과는 매우 실망스러웠다. 토론 후 투표에서 낙관주의자 팀에 손을 들어 준 관중은 73%였으며, 나머지 27%만이 인류의 미래가 꼭 밝지만은 않다고 주장한 보통-글래드웰 팀에 투표했다. 흥미로운 것은 토론 전 사전투표의 결과도 크게 다르지 않았다는 점이다. 원래 낙관론과 비관론의 비율이 71 : 29로 전체 100명 중 비관론자 2명만이 핑커와 리들리의 논리에 동조하여 진보주의자로 개종한 셈이다. 이 토론회에 참석한 캐나다의 청중 3,000명이 서구인 전체를 대변한다고 볼 수는 없지만, 현대 서구인의 진보에 대한 믿음이 종교로 치면 근본주의자의 믿음처럼 강력함을 알 수 있다. 보통이나 글래드웰 같은 명민한 작가의 정교한 논리와 말솜씨에도 '진보교'의 독실한 신도들은 꿈쩍하지 않았으니 말이다.

이 토론회에서 인류의 중단 없는 진보에 대한 믿음을 탁월한 논리와 구체적인 자료로 설파한 매트 리들리는 『이성적 낙관주의자』(*The Rational Optimist*)에서 인류사 전체를 진보의 관점에서 재구성한다.[11] 이 책에서 리들리는 신자유주의 경제학의 사상적 아버지라고 불리는 프리드리히 하이에크(Friedrich Hayek)에 의해 대중화된 카탈락시라는 용어로 합리적 자유주의자의 이상향을 묘사한다. 합리적 개인들은 경제 공동체 내에서 교환과 분업을 통해 각자의 이익을 극대화하기 위해 노력한다. 하이에크가 보기에 기존의 경제(economy)라는 용어는 가계(household)

에 어원을 두고 있어서 개별 가계의 산술적 총합에 그친다는 인상을 줄 수 있다. 하이에크는 가계, 농가, 기업 등 경제 주체가 "통일적인 계획에 따라 주어진 수단들을 배분하는" 단일 경제를 이루는 것이 아니라, 단일 목표에 지배되지 않는 '자생적 질서'(spontaneous order)로서 시장질서를 형성한다고 보았다.[12] "서로 얽히고설킨 많은 경제들의 그물망"으로서 카탈락시가 묘사하는 경제계는 경제 주체 간의 역동적 상호작용과 창발적 특성에 의해 경제의 경계가 끊임없이 확장되며 진화해나간다. 이 카탈락시의 세계에서는, 남과 여가 서로 만나 자신들과는 다른 자식을 낳음으로써 전체적인 생물다양성을 증가시키는 것처럼, 합리적인 이익 추구를 위한 활동과 아이디어가 끊임없이 더 새롭고 생산적인 결과를 가능하게 한다. 리들리는 "아이디어도 섹스를 한다"는 말로 심각한 위기 상황에서도 항상 돌파구를 제시하는 혁신적인 아이디어들이 출현함을 강조했다. 이런 카탈락시의 세계에서 진보는 합리적 경제활동의 자연스런 결과물인 것이다.

리들리에 따르면 근대는 카탈락시로 향해 나아가는 여정인 셈인데, 지난 근대사에서 이러한 '카탈락시적 진보'를 지지해줄 충분한 증거를 찾을 수 있는가? 그 답은 근대의 수혜자와 피해자의 관점에 따라 크게 달라질 수 있다. 최근 서양 사학계에서는 니얼 퍼거슨(Niall Ferguson) 같은 보수파 사학자들이 서구 제국주의의 긍정적 측면을 강조하는 대담한 주장을 제기하고 있다.

2017년에는 미국 포틀랜드주립대학교의 역사학과 교수인 브루스 질리(Bruce Gilley)가 대영제국의 긍정적인 유산을 주장하는 논문을 『제3세계 계간지』(Third World Quarterly)라는 전문 학술지에 게재했다가 34명의 학술지 편집위원 중 15명이 논문을 철회하지 않으면 사퇴하겠다고 나서는 큰 소동이 발생했다.[13] 질리는 대영제국의 안정적인 통치와 각종 제도가 식민지에 사회적 안녕을 가져다주었다고 주장했다. 대영제국의 긍정적인 유산을 피지배자인 식민지 엘리트들도 인정하는 것을 보여주기 위해 나이지리아의 반제국주의 작가 치누아 아체베(Chinua Achebe)의 글을 인용하기도 했다. 아체베가 죽기 전에 마지막으로 남긴 작품 『한 나라가 있었다』(There Was a Country: A Memoir)에는 다음과 같은 대목이 나온다. "영국인들은 나이지리아 식민지를 매우 세심하게 통치했다. 한 나라를 어떻게 운영할지에 대한 높은 지식과 고도의 능력을 갖춘 정부 관료 집단이 존재했다. [……] 영국의 식민지들은 어느 면에서는 전문적으로 통치된 것이다."[14] 일부 서구 역사학자들이 이렇게 식민주의의 긍정적 측면을 강조하는 모습을 식민지의 피해 당사자들은 어떻게 받아들여야 할까? 그 자신이 인도 노예 노동자의 자식이었던 비디아다르 나이폴(Vidiadhar S. Naipaul)은 이렇게 얘기한 적이 있다. "유럽인은 다른 침략자처럼 금과 노예를 원했지만, 한편으로는 자신들이 노예들을 위해 좋은 일을 한 인물인 것처럼 보이는 동상을 세우길

원했다."[15]

학술지의 편집자가 인도의 극우파로부터 살해 위협을 받은 후 결국 질리의 논문은 철회되었지만, 이 논문의 파장은 대서양을 건너 영국까지 미쳤다. 옥스퍼드대학교 신학과 교수인 니겔 비거(Nigel Biggar)가 『더 타임즈』에 질리의 논문을 옹호하는 칼럼을 썼다.[16] 「우리의 식민역사에 대해 죄의식을 느끼지 마라」라는 대담한 제목을 붙인 글에서 비거는 질리의 "용감한 논문이 균형 잡힌 시각으로 대영제국의 과거를 평가했다"고 말한 후, 한 걸음 더 나아가 이제 "영국인은 과거사에 대한 죄의식을 좀 덜 가질 필요가 있다"고 주장했다. 대영제국의 과거사를 잘 아는 이라면 누구나 반문할 것이다. 영국이 과거 제국주의 침략에 대해 반성하지 않아도 될 만큼 떳떳한 과거를 가지고 있다는 말인가?

사회계약: 지켜질 수 없었던 약속

질리나 비거처럼 세계의 근대화 과정에서 유럽 제국이 맡은 긍정적인 역할을 강조하는 일부 역사학자들은 제국주의가 폭력적으로 식민지를 찬탈한 잘못은 있지만 유럽의 앞선 문물과 제도를 통해 식민지의 평화와 번영에 기여한 것도 인정해야 한다고 주장한다. 그런 주장의 배경에는 유럽이 '계몽의 시대'를 주도했다는 자부심이 깔려 있다. 아메리카의 원주민을 예로 들자면, 그들은 홉스가 얘기한 자연상태에 놓인 야만인들이었고, 유럽 제국주의자들은 그들이 창조한 리바이어던, 즉 선진적인 정치제도를 도입하여 야만인들의 항구적인 전쟁 상태를 끝내고 평화롭고 풍요로운 식민지 사회를 건설했다는 것이다.

홉스는 인간 본성상 항구적인 전쟁 상태는 불가피하므로 사회적 안정과 번영을 위해서는 개인의 권리를 위임받은 강력한 주권이 필요하다고 생각했다. 그가 어떤 역사적 선례를 염두에 두었는지 모르지만, 모든 신민의 권리를 위임받은 신성한 주권은 왕당파와 의회파가 대립하던 당대의 현실 속에서 절대군주론을 옹호하는 이데올로기로 받아들여졌다. 따라서 홉스의 주장은 의회파에 속한 당대의 이론가들에게 비판의 표적이 될 수밖에 없었다. 의회파의 대표적인 이론가였던 로크는 그의 책 『통치론』에서 홉스라고 명시하지는 않았지만 절대군주론을 옹호하는 이들의 어리석음을 다음과 같이 따끔하게 질책했다. "한 사람은 자연상태의 자유를 그대로 유지할 뿐 아니라 권력으로 그 자유를 더욱 확장하고 마음 내키는 대로 행동해도 된다. 그것은 말하자면 족제비나 여우의 피해는 막으려 애쓰면서 사자에게 잡아먹히는 것은 안전하다고 생각하는 것과 다를 바 없다."[17]

홉스가 자연상태에서 자유롭고 평등한 개인이 서로 간의 대립을 피하기 위해 계약을 통해 사회를 형성하게 된다고 본 것과 달리, 로크는 인간은 자연상태에서도 개인의 권리를 상호 인정하는 사회를 이루고 있다고 생각했다. 계약을 통해 이루어지는 '정치사회' 이전의 자연상태에서도 소유권이 확립되어 있고 일정한 개인 간의 관계가 형성되어 있다는 것이다. 이렇게 사회적 본성을 가진 인간이 사적 소유권 같은 개인의 권리와 자유를 증진하기 위해 계약을 통해 정치공동체를 형성하게 된다. 따라서 로크는 개인의 권리를 보장하는 것을 정부의 가장 중요한 기능으로 보았다.

인간 본성과 자연상태에 대한 홉스와 로크의 생각은 크게 달랐지만, 구성원의 동의에 기초한다는 사회계약의 근본 가정에 대해서만큼은 둘의 생각이 일치했다. 그러나 그들이 생각한 것처럼 사회계약이 과연 역사적 근거를 통해 정당화될 수 있을까? 로크의 뒤를 이은 대표적 경험론자인 데이비드 흄(David Hume)만 해도 사회계약론의 역사적 정당성에 의문을 품었다. 그는 1688년에 발생한 명예혁명을 예로 들며, 네덜란드의 오렌지 공 윌리엄(William of Orange)이 영국을 통치할 권리를 대다수 영국인들의 동의를 통해 획득했는지 질문했다.[18]

사회구성원 대다수의 동의를 받아 사회계약이 성립한다고 했지만, 홉스와 로크는 특정한 이익집단을 사회계약의 주도적 세력으로 간주했다는 비판을 받아왔다. 홉스는 "왕이 곧 인민(people)"이므로 모든 인민에게 권한을 위임받은 왕이 인민을 대표한다고 보았다. 정치적으로 통일될 수 없는 다중이 아니라 통일된 인민이 한 사람의 주권자에 의해 대표될 수 있다고 본 것이다. 마이클 하트(Michael Hardt)와 안토니오 네그리는 홉스가

정치적 통일성을 가진다고 주장한 인민의 실체에 대해 의문을 제기한다. 17세기 영국의 정치적 논의에서 인민은 자유소유권자(freeholders), 즉 "의회의 대표자를 선출할 자격을 갖출 만큼 충분한 독립적 자산을 소유한 사람들"을 의미한다는 것이다.[19]

로크에게도 정부가 보호해야 할 가장 중요한 개인의 권리는 바로 사적 소유권이었다. 이렇게 소유권을 강조할 수밖에 없었던 역사적 배경은 무엇일까? 로크의 후원자들이 휘그파(the Whig) 소속의 토지 소유자들이었다는 사실을 주목할 필요가 있다.[20] 로크는 명예혁명을 주도한 휘그파의 대표적인 이론가였다. 그의 후견인인 섀프츠베리 백작 1세(Anthony Ashley Cooper, 1st Earl of Shaftesbury)는 청교도혁명 이후 약화된 왕권을 강화하려는 국왕과 토리파(the Tory)에 맞선 휘그파의 지도자로, 이후 휘그파가 명예혁명을 성공시켜 입헌군주제를 정착시키는 과정에서 중심적인 역할을 했다. 섀프츠베리는 로크가 자유주의 사상가로 성장하는 데 많은 영향을 끼쳤다.[21] 1672년에 섀프츠베리가 대법관이 되었을 때 로크는 그의 서기가 되었다. 로크는 또한 섀프츠베리가 의장이었던 '무역 및 플랜테이션 위원회'(Council of Trade and Plantations) 서기로서 아메리카 식민지의 '캐롤라이나 정부 기본 헌법'(Fundamental Constitutions of Carolina)을 작성하는 데에도 관여하였다. 이후 개인의 소유권을 강조하는 로크의 자유주의 사상은 토머스 제퍼슨 같은 아메리카 식민지의 정치가들에게 큰 영향을 미치게 된다.

주권의 절대성을 주장한 홉스와 달리, 로크는 정부의 권한이 개인의 권리와 자유 보호에 한정되어야 한다고 생각했다. 그는 전제정치를 막기 위해 입법권과 행정권을 분리해야 한다고 주장했는데, 국왕과 의회가 극단적으로 대립한 당대의 정치 상황을 지켜보며 홉스와는 다른 길을 가게 되었는지도 모른다. 주권의 본질과 권력 행사에 대한 의견의 차이에도 불구하고 홉스와 로크는 결국 그들의 사회계약론에 당대의 신흥 권력인 부르주아지의 이해를 반영하고 있었다. 그들이 얘기한 코먼웰스(Commonwealth)는 사회구성원 모두의 '공동의 부'(common wealth)를 위한 것이 아니었으며, 그들이 꿈꾸었던 민주공화국은 결국 "사유재산의 공화국"(republic of property)이 될 수밖에 없었던 역사적 한계를 가졌다.[22]

최초의 시민혁명이 일어난 영국에서 이후 민주주의가 발전한 만큼 부의 민주적 배분이 이루어졌을까? 최근 영국에서 발간된 책 『누가 잉글랜드를 소유하나』(*Who Owns England?*)에는 '사유재산의 공화국'에 감춰진 비밀을 폭로하는 영국의 토지소유 자료가 실려 있다.[23] 『가디언』이 소개한 내용에 따르면 영국 전체 인구의 1%가 안 되는 25,000명의 지주가 영국 토지의 절반을 소유하고 있다. 놀랍게도 귀족 지위를 가지고 있는 지주들이 전체 토지의 30%를 소유하고 있고, 그 뒤를 이어 기업과 은행이 각각

18%와 17%를 차지하고 있다. 소유자가 밝혀지지 않은 땅이 17%가 된다고 하니 실제 귀족 지주의 점유 비율은 더 커질 수 있다. 전체 인구의 대부분을 차지하는 일반 주택 소유자가 차지하고 있는 땅은 전체 국토의 5%가 채 되지 않는다. 지난 수세기 동안 영국 시민들은 자신들의 권리를 찾기 위해 많은 피를 흘리며 투쟁했고, 경제발전을 위해 많은 땀을 흘렸다. 그러나 세습 귀족이 여전히 최대 지주로 남아 있으며, 자본가의 몫만 점차 늘고 있을 뿐이다.

홉스와 로크의 사상은 여러 가지 표면적인 차이에도 불구하고 한 가지 면에서 공통점을 가지고 있다. 패트릭 데닌은 이들 두 사상가가 모두 "자연인을 전체의 부분으로서가 아니라 서로 분리된 전체로" 파악했다고 지적한다.[24] 앞서 얘기한 것처럼, 로크는 사회계약 이전의 자연상태를 개인의 권리가 상호 인정되는 분명한 사회상태로 인식했지만, 그에게 가장 중요한 가치는 개인 그 자체와 개인의 권리였다. 홉스나 로크와 달리 스피노자는 자연상태의 인간을 '사회적 동물'로 바라보았다. 그의 유작『정치학논고』 2장에는 인간의 자연권에 대한 그의 생각이 잘 드러나 있는데, 여기서 그는 개인의 권리뿐만 아니라 '공동의 권리'에 대해서 강조한다.

[……] 자연권은 모든 인간이 일반적인 권리를 지니고, 직접 거주할 뿐만

아니라 힘을 합쳐 일궈놓은 터전을 지켜내며, 스스로를 보호하고 폭력을 배격하며, 모든 사람의 보편적 판단에 따라 삶을 영위할 수 있는 곳에서만 식별할 수 있다. 왜냐하면, 많은 사람이 그와 같은 방식으로 하나로 결합할 수 있을 때에만 보다 많은 권리를 집단적으로 지닐 수 있기 때문이다.[25]

오직 계약을 통해서만 만인에 대한 만인의 투쟁을 끝내거나 개인의 타고난 권한을 신장할 수 있다고 믿은 사회계약론자들과는 달리, 스피노자는 인간은 본성적으로 공동체를 지향한다고 생각했다. 그가 묘사한 '자연상태'에서 개인들은 "하나로 결합"할 때 개인적으로 가질 수 있는 것보다 더 많은 권리를 "집단적으로 지닐 수 있다"는 것이다. 과연 누가 인간의 본성과 사회 구성을 더 잘 이해한 것일까? 홉스, 로크, 스피노자를 한자리에 불러놓고 토론을 시킬 수는 없으니, 그들의 저술을 읽으며 17세기에 그들이 가졌던 생각이 21세기를 사는 우리에게 시사하는 바를 되새겨보는 수밖에 없다. 다음의 부록 [생태학 노트 3]에서는 근대사상가들이 추측했던 '자연상태'에 해당하는 생태계의 자율구성에 대한 최신 연구 결과를 소개한다. 하이에크는 자연이나 시장이나 모든 복잡계는 '자생적 질서'를 가진다고 생각했는데, 다음에 소개하는 생태학자들의 연구를 통해 생태계의 '자생적 질서'가 어떻게 형성되는지 살펴보자.

[생태학 노트 3] 생태계의 자율구성

앞서 [생태학 노트 2]에서는 자연의 보이지 않는 손이 어떻게 물질 대사와 에너지 플럭스를 통해 진화의 바퀴를 굴리는지 알아보았다. 로트카의 '최대 에너지 플럭스 원리'에 따르면 생물군집의 구성은 생태계의 물질대사를 위해 사용되는 에너지 총량이 최대가 되는 방향으로 변화한다. 로트카의 생각을 열역학 법칙에 기초하여 좀 더 정교화한 것이 '최대 엔트로피 생성 원리'다. 이 원리에 따르면 엔트로피의 생성이 최대로 증가하는 방향으로 생태계의 자율구성이 진행된다. 이렇게 물질대사의 관점에서 복잡한 생태계의 구성원리를 보다 이해하기 쉽게 단순화하여 설명할 수 있다. 개별 생물이 아니라 생태계 차원에서 구성원들이 수행하는 물질대사의 과정과 양을 따져보면, 생태계를 작동시킬 때 사용되는 에너지나 발생하는 엔트로피의 양을 최대로 증가시키는 생태계의 구성을 총체적으로 파악할 수 있다.

엔트로피 생성을 최대화하는 생태계의 자율구성을 설명하기 위해 생태계를 '분산된 물질대사 네트워크'(distributed metabolic network)로 정의하기도 한다.[26] 개별 생물체가 물질대사를 통해 생명활동에 필요한 물질과 에너지를 얻는 과정에서 엔트로피를 증가시키며 살아가는 것처럼, 생태계도 여러 구성요소로 이루어진 복잡한 네트워크를 통해 물질과 에너지 전달이 이루어지는 '물질대사 시스템'(metabolic system)으로 볼 수 있다. 개체 생물과 생태계의 물질대사가 다른 점은, 단세포 생물이든 다세포 생물이든 생물체는 외형적으로는 환경으로부터 분리되어 개체의 내부에서 집중적인 물질대사가 이루어진다는 사실이다. 생물 개체 내에 세포나 기관이 복잡하게 연결된 것처럼, 생태계를 구성하는 여러 종의 생물체도 영양관계(trophic relationships)를 통해 긴밀히 상호작용하고 있다. 여러 생물과 주변의 물리적 환경을 연결하는 복잡한 연결망을 통해 물질과 에너지가 이동하면서 생태계 차원의 물질대사가 이루어진다. 생물체 내부의 물질대사와 비교해보면, 생태계 차원에서 이루어지는 물질대사는 구성요소들 사이의 상호작용이 상당히 분산된 형태를 나타낸다.

미생물 군집의 자율구성

자연에서 흔히 관찰되는 구조적 복잡성 때문에 생태계의 '분산된 물질대사 네트워크'를 자연상태 그대로 연구하는 것은 쉬운 일이 아니다. 그래서 실험실에서 인공적으로 조성된 비교적 단순한 미생물 군집을 통해 생태계의 자율구성을 연구하는 경우가 많다. 숲속에서 나무가 아니라 숲 전체를 보는 것은 불가능하지만, 단순한 미생물 군집의 경우 현미경 렌즈 아래에서 소수의 구성원이 형성하는 물질대사 네트워크의 전체적 양상을 파악해볼 수 있다. 그러나 미생물의 자율구성을 연구하는 미생물학자의 현미경에 포착된 실제 미생물 군집은 마이크로미터 단위의 미시적 공간에서 매우 다양하고 분산된 종 분포를 나타낸다. 그림 13에서 볼 수 있듯이 단지 두 미생물 종이 미세한 서식지 위에서도 복잡한 공간 분포를 나타낼 수 있는데, 이를 제한된 먹이 자원 때문에 발생하는 경쟁배제로만 설명할 수는 없다. 니치가 유사한 미생물만 존재한다면, 경쟁배제의 원리에 따라 경쟁이 치열해질 경우에 경쟁력 있는 종이 전체 공간을 독점하게 될 것이다. 이렇게 상호 대립과 경쟁이 지배하는 상황에서는 경쟁배제에 따른 종간 분리가 일어나 군집 구성과 공간 구조가 일시적인 불안정 상태를 나타낸다(**그림 13** 왼쪽). 그러나 서식지 곳곳에 흩어진 다양한 미생물 무리(local patches)가 서서히 미세 환경에 적응하여 이웃하는 무리와 공존하게 되면서 장기적으로는 전체 생태계의 기능적 안정성이 회복된다(**그림 13** 오른쪽).

미생물 군집 내부에서 상호작용하면서 공존하는 미생물들은 여러

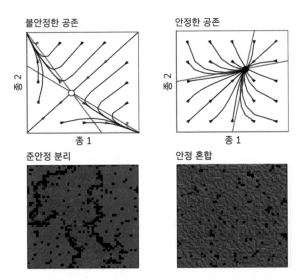

그림 13 마이크로미터 단위의 미세 입자에 형성된 미생물 군집의 사례[27]

물질대사 과정에서 상보적인(complimentary) 관계를 맺는 경우가 많다.[28] 같은 서식 공간에서 여러 종의 미생물들이 서로 다른 종이 만든 물질대사 산물을 이용하는 것을 공동영양(syntrophy)이라고 하는데, 원래는 이 용어는 미생물들의 교차섭식(cross-feeding)을 의미했다. 예를 들어, 트립토판 같은 특정한 아미노산을 스스로 생산하지 못하는 대장균(Escherichia coli)이 살모넬라 타이피(Salmonella typhi) 같은 다른 박테리아가 생산하는 트립토판을 이용할 수 있다. 1950년대 이후 상이한 환경에서 형성되는 다양한 미생물 군집의 공동영양에 대한 보고가 이어지면서 이를 연구하는 미생물학자들은 상리공생(mutualism)에 기초한 물질대사의 상보적 관계에 주목하게 되었다. 상이한 물질대사 기작을 이용하는 다른 종의 미생물들이 상호 간에 생존에 필요한 물질대사의 산물을 주고받으면서 공생한다는 것이다. 흥미롭게도 공동영양에 의존하는 많은 미생물들이 '필수적인 상리공생적 물질대사'(obligately mutualistic metabolism)를 수행한다. 그들은 "서로를 이롭게 하며" 함께 살아가는 상리공생 관계를 맺는데, 파트너 없이 홀로 살아가지 못하기 때문에 이러한 관계를 필수적인 상리공생이라 한다.

스위스연방공과대학(ETH Zürich)의 다니 오르(Dani Or) 교수팀은 다공성의 인공 매질 표면(porous medium surface) 위에 형성되는 박테리아 컨소시엄의 자율구성을 연구하고 있다.[29] 오르 교수팀의 인공 매질 표면에 형성되는 박테리아 컨소시엄은 종별 색깔 차이를 통해 환경 조건에 따라 종의 공존과 경쟁배제가 결정됨을 시각적으로 분명하게 확인시켜준다. 일반적으로 환경 조건이 다른 정도(gradient)가 뚜렷하여 복잡성이 높은 서식 환경과 달리 두 종이 잘 섞일 수 있는 비교적 균질한 환경을 가진 서식지에서는 종간 경쟁이 심화되어 마지막에는 위너와 루저의 분리가 뚜렷해졌다.

박테리아 수도모나스 퓨티다(*Pseudomonas putida*)의 두 변종을 대상으로 한 실험에서는 먼저 펌프를 이용하여 매질 공극으로부터 물기를 뽑아내어 비교적 습윤하거나(수분 포텐셜: -0.5 kPa*) 건조한(수분 포텐셜: -2 kPa) 조건을 만들었다. 각 수분 조건별로 두 종류의 먹이를 준 후 두 변종의 공간 분포 차이를 비교하였다. 두 변종에게 톨루엔을 먹이로 주었을 때, 톨루엔의 대사산물을 공동으로 이용하는 두 변종은 상리공생적인 공동영양 관계로 인해 매질 위에 골고루 섞여 분포했다(**그림 14**의 d, e). 더 습윤한 조건에서 이러한 혼합 분포의 양상이 강하게 관찰되었다. 두 변종이 파트너의 도움 없이 분해할 수 있는 벤조산(benzoate)을 첨가한 후에는 전혀 다른 공간 분포가 나타났다(**그림 14**의 f, g). 두 박테리아가 잘 퍼져나갈 수 있는 습윤한 조건에서는 벤조산을 더 잘 이용하는 PpF4라는 변종이 매질 표면의 대부분을 차지했으나 PpF107은 매질 중심부에 격리되어 분포했다. 매질을 더 건조하게 만들었을 때는 두 변종

---

* kPa는 압력을 표시하는 단위인 킬로파스칼을 나타낸다. 1파스칼은 1제곱미터당 1뉴턴의 힘이 작용할 때의 압력에 해당하며, 1킬로파스칼은 1,000파스칼이다.

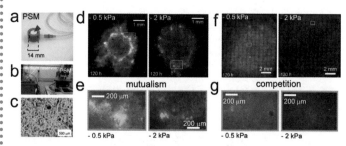

그림 14 다공성 매질 표면에 형성된 두 박테리아 종의 컨소시움

의 확산 속도가 줄고 두 종 간의 격리 정도도 줄어들었다.

　이상의 결과는 매질 표면에 자리 잡은 세균이 물질대사를 위해 파트너의 도움이 필요할 경우에는 상리공생적 관계를 형성하는 현상을 잘 보여주었다. 반면에 혼자서 필요한 먹이를 쉽게 획득할 수 있는 세균들 사이에서는 두 종 간의 자원 경쟁이 심해졌다. 또한 서식지 내에 세균의 이동성을 증가시키는 환경 조건이 갖춰지면 경쟁배제가 촉진된다는 사실을 알 수 있다. 이 결과처럼 서식지 환경 조건이 경쟁 관계의 미생물에 미치는 영향을 분석한 연구에서 공통적으로 확인할 수 있는 사실은, 경쟁 관계의 미생물이 잘 섞일 수 있는 균질한 환경(mixed environment)에서는 경쟁이 심화되지만, 공간적으로 구조화된 환경(spatially structured environment)에서는 경쟁종의 확산이 제한된다는 것이다. 경쟁을 완화시키는 구조를 가진 환경에서는 루저가 될 뻔했던 미생물도 위너와 일정한 거리를 지키며 공존하는 분포 형태가 나타난다.[30] 이러한 실험 결과는 가우스의 짚신벌레도 시험관이라는 균질한 환경이 아니라 보다 복잡한 구조를 가진 실제 자연환경에서는 공존 가능성이 훨씬 더 높을 거라는 추측을 가능하게 한다. 가우스의 시험관에서 관찰한 경쟁배제의 원리만으로는 실제 자연에서 관찰되는 생물다양성의 비밀을 제대로 설명할 수 없음을 확인시켜주는 결과이다.

플랑크톤 패러독스

다양한 서식 환경을 가진 육상생태계와 비교할 때, 담수나 해양의 수생태계는 겉으로는 환경 조건이 매우 균질적으로 보인다. 물이 가지는 유동성 때문에 온도나 영양분 같은 환경 요인뿐만 아니라 물속의 생물들도 잘 혼합되고 퍼져나갈 수 있다. 이렇게 균질적이고 혼합이 잘되는 조건에서는, 가우스의 시험관 속 짚신벌레들이 제한된 자원을 두고 다투는 것과 마찬가지로 종들의 공존보다는 경쟁배제가 더 일반적일 것이라고 예상할 수 있다. 3장에서 소개한 니치 개념을 심화시킨 생태학자 허친슨은 세계의 여러 호수에서 플랑크톤의 다양성을 연구한 후, 겉보기에는 균질적인 환경을 가진 호수 생태계에 어떻게 수많은 플랑크톤이 공존할 수 있는지 의문을 갖게 되었다.[31] 이후 많은 생태학자들이 허친슨의 '플랑크톤 패러독스'(Paradox of the Plankton)를 풀기 위해 플랑크톤 다양성을 연구하게 되었다.

이러한 연구는 공간적으로나 시간적인 차원에서 다양한 호수의 환경 조건에서 플랑크톤의 종간 경쟁이나 군집 전체의 종 구성이 지속적으로 변화함을 보여주었다. 겉보기에는 비슷해 보이지만 실제로 수환경은 공간적으로 상당히 이질적이며 시간적으로도 매우 가변적이다. 따라서 일부 플랑크톤 종에만 유리한 특정한 환경 조건이 장기간 지속되지는 않는다. 결국 특정 호수에서 관찰되는 플랑크톤 군집의 종다양성은 경쟁배제의 원리보다는, 그 호수가 있는 지역에서 존재할 수 있는 모든 종들(regional species pool) 중에서 과연 어떤 종이 특정 지점과 시점에 해당 군집으로 접근해서 자기 자리를 차지할 수 있느냐는 '확산'(dispersal)의 문제로 더 잘 설명될 수 있다.[32] 특히 성장 속도가 빠른 종이 새로운 자리, 즉 생태적 니치를 확보하기 위해서는 확산 속도가 빨라야 개체의 존속이 가능하다. 인기 있는 식당에 많은 손님이 몰리게 되면 같은 식당 내에 좌석 회전율을 높이거나 그렇게 해서도 몰리는 손님을 감당하지 못할 경우엔 분점을 내어 더 많은 자리를 확보하는 것과 비슷한 이치다.

플랑크톤 패러독스에 대한 생태학 연구 결과를 참고하면 최근 국내에서뿐만 아니라 세계 곳곳에서 심해지고 있는 녹조 문제를 좀 더 잘 이해할 수 있다. 녹조는 그 이름 때문에 오인되기도 하지만, 광합성을 하는 식물플랑크톤(phytoplankton)의 여러 종 중에서 실제로는 조류가 아닌 유해한 남세균(cyanobacteria)이 과도하게 성장하는 현상이다. 흔히 유해 남조류라고 불리는 남세균은 이전에는 조류로 오인되었지만 광합성을 하는 세균이다. 조류는 진핵세포를 가진 원생생물(protist)이지만, 남세균은 조류와는 전혀 다른 생물역(domain)에 속하는 원핵세포를 가진 생물이다. 녹조는 다양한 조류와 세균들로 이루어진 플랑크톤 군집이 특정한 환경 조건에서 유해 남세균이 우점하는 군집으로 대체될 때 발생한다.

최근 4대강 사업과 녹조 발생의 연관성과 관련된 논의에서 쟁점이 되었던 것처럼, 녹조는 영양염류, 빛, 수온, 유속 등 여러 환경 조건이 복합적으로 작용하여 발생하므로 단일 요인만으로 발생 과정을 다 설명할 수는 없다. 한 가지 분명한 사실은 부영양화된, 즉 영양염류가 많은 담수 생태계는 유속이 느리거나 수온이 높을 경우 녹조 발생 가능성이 매우 높아진다는 점이다.[33] 부영양화된 담수 생태계에서는 남세균 같은 소수의 유해종이 우점하여 생태계의 종다양성이 감소하고 자원 이용 효율성이 감소하는 현상이 자주 관찰된다.[34] 영양염류가 조류의 성장에 영향을 주는 가장 중요한 제한 인자이지만, 부족한 영양염류가 많아지면 역설적으로 생태계에 문제가 발생한다. 부족한 자원이 많아져서 오히려 문제가 되는 상황을 생태학에서는 '영양 과다의 역설'(Paradox of Enrichment)이라고 부른다.[35] 녹조가 심할 때 전체 조류종의 다양성이 감소하는 것처럼, 호수나 하천의 부영양화로 인해 플랑크톤 다양성이 감소하는 현상이 자주 관찰되고 있다.

최근의 한 모델링 연구는 여러 종이 공존하고 있는 플랑크톤 군집에서 인(P)과 같은 영양분이 갑자기 증가할 경우 같은 영양단계에서 제한적인 자원을 두고 다투고 있던 종간의 세력 균형이 깨지고 특정 종이 우점하게 되는 전환 과정을 수학적으로 입증하였다.[36] 영양분이 많아져서 조류의 성장이 촉진되면, 같은 종의 개체수가 급격히 증가하여 서식 공간이 부족하게 되면서 이웃하는 종과의 자리 경쟁이 더 심해지게 된다.

경쟁배제를 통해 위너가 루저를 몰아내게 될 확률이 증가하는 것이다. 한강의 녹조 발생을 분석한 한 연구는, 영양분 중 질소와 비교해서 인이 상대적으로 더 많아져 질소/인의 비가 29 이하로 내려갈 때 유해 남조류가 우점하게 된다고 보고하였다.[37] 수생태계에서 보통은 인이 부족하기 때문에 인의 양이 증가하면 조류의 성장을 촉진하게 되는데, 한강의 녹조처럼 인의 효과가 소수의 종에게만 돌아갈 경우 전체 플랑크톤 군집 차원에서는 영양관계의 안정성과 자원 이용 효율이 급격히 감소하게 된다.[38] 소수의 종에 의한 자원의 독점이 생태계의 안정을 파괴하여 시스템의 효율성이 감소하는 결과를 초래하는 것이다.

녹조가 생기는 강이나 호수뿐만 아니라 땅 위의 다양한 생태계에서도 환경 조건이 일시적으로 변하면서 종간 경쟁의 세력 균형이 깨질 때에는, 새로운 조건에 더 잘 적응하는 종이 일시적으로 생태계를 장악하고 자원을 독점하는 일이 생길 수 있다.[39] 앞서 4장에서 살펴본 외래 침입종에 의한 자원 독점이 좋은 예이다. 수생태계에서는 방금 살펴본 유해 녹조가 이러한 소수의 기회주의적 생물종이 자원을 독점하는 대표적인 사례이다. 외래 침입종이나 유해 녹조가 유리한 환경 조건에서 일시적으로 기존 생태계의 종간 세력 균형을 깨트리고 자원을 독점하게 되더라도, 이러한 자원의 독점과 그에 따른 생물다양성 감소는 보통 일시적인 현상이므로 생태계의 종 구성과 기능은 금방 새로운 균형을 찾아 변화해간다. 최신 연구에 따르면, 미생물 두 종으로 이루어진 단순한 실험실 생태계에서나 무수한 식물플랑크톤이 공존하는 하구역 생태계에서나 생물 성장의 제한 요소로 작용하는 주요 자원의 공급이 불안정한 환경에서는, 초기 환경 조건에 유리한 위너 종이 일시적으로 우점할 수 있다.[40] 그러나 이런 초기 단계를 거친 후에는 곧 경쟁에 밀린 루저 종이 위너 종과 새로운 세력 균형을 이루며 공존하는 모습을 보인다. 이렇게 공존하게 된 종들의 공간 분포는 앞서 2개의 그림에서 볼 수 있었던 것처럼 매우 불규칙한 양상을 나타낸다. 구체적인 공존의 원리는 모두 다르지만, 저마다 다른 환경을 가진 다양한 생태계에서 다수의 생물이 결국은 소수의 독재자를 물리치고 자연의 민주주의를 유지하는 것이다.

'이성적' 사회 구성

앞서 5장에서 사회적 네트워크의 효율성에 대한 웨스트 교수의 연구를 살펴보았다. 그의 연구에 따르면 도시 규모가 커질수록 도시민은 더 효율적인 인프라를 활용해 더 많은 가치를 생산할 수 있다. 생태계와 마찬가지로 도시 시스템의 생산성은 자원의 효율적 배분에 의존한다. 갈수록 심해지고 있는 자원과 부의 불평등 문제를 고려하면, 그동안 성장일로에 있던 세계의 거대 도시들과 이들 도시들을 하나로 연결하는 글로벌 네트워크를 순환하는 자본의 미래를 더 이상 낙관적으로 바라볼 수 없게 된다.

마르크스는 자본주의의 불공정성이 아니라 비효율성을 비판했다고 한다. 이때 자본주의의 비효율성은 바로 자본가의 사익 추구와 공동체의 사회적 생산 사이의 갈등을 의미한다. 마르크스는 자본주의 사회가 정의롭지 못한 사회라고 암시하기는 했지만 그것을 직접적으로 표현하지는 않았다. 이정전 서울대학교 명예교수의 해석에 따르면, 마르크스는 자본주의가 정의롭지 못한 것 이상의 구조적 문제를 안고 있음을 비판하려고 했기 때문에 개인의 주관에 따라 평가가 달라질 수 있는 정의의 문제를 전면에 내세우지 않았다.[41] 에너지 플럭스나 엔트로피 생성을 최대화하는 자연생태계의 자율구성과는 달리, 자본주의 경제체제는 구성원 전체의 필요를 충족시키는 사회적 생산을 증진하기보다는 자본 축적을 목적으로 가동된다. 독점을 지향하는 자본 증식의 폭력에 맞서서 어떻게 지속가능하면서 구성원 전체의 이익을 도모하는 보다 효율적인 사회적 생산체제를 구축할 수 있을까? 이는 앞으로 인류가 풀어야 할 가장 어려운 숙제인지도 모른다.

환경 변화에 의해 일시적으로 자원 경쟁의 균형이 깨지는 자연생태계와 달리, 인간 사회의 자원 배분 과정에서는 자원을 선점한 세력의 의도적인 개입에 의해 경쟁 관계의 불균형이 장기간 지속될 수 있다. 이러한 지배 세력의 개입이 시장 질서를 크게 왜곡시킨다. 따라서 하이에크가 말한 '자생적 질서'는 그의 이상세계인 카탈락시에서만 존재할 뿐이다. 근대사를 보면 에스파냐의 콩키스타도르나 다른 유럽의 제국주의 세력이 식민지의 자원을 강탈한 후 장기간 착취적인 경제 체제를 유지한 경우처럼, 무력이 자원 독점의 주요 수단인 경우가 흔했다.

한국 경제의 "혈맥을 가로막는다"고 비판받고 있는 재벌 독점은, 소수의 대기업이 정치인뿐만 아니라 학계, 언론계 및 법조계를 총망라한 네트워크를 동원하여 독과점 체제를 강화하고 있다.[42] 우리나라 매출 상위 10대 기업의 매출액 합계는 2017년에는 6,778억 달러로, 1조 5,308억 달러인 국내총생산 규모의 44.2%에 이르렀는데, 이는 2005년의 35%보다 9% 이상 증가한 수치다.[43] 외래 침입종 사례에서 볼 수 있는 것처럼 자연생태계의 일시적 자원 독점이 다분히 우발적인 현상이라면, 독과점 현상은 자본주의 경쟁 체제에서 소수에 의해 권력과 자원이 조직적으로 장악되는 현실을 잘 보여준다.

서론에서 피케티의 『21세기 자본』에 수록된 자료로 확인했던 것처럼, 자원과 부의 구조적 독점 현상은 최근 수십 년간 세계 여러 나라에서 심화되고 있다. 경제사가인 발터 샤이델(Walter Scheidel) 미국 스탠퍼드대학교 교수가 분석한 자료를 보면 이러한 구조적 독점 현상을 재확인할 수 있다. 20개 OECD 국가에서 상위 1%가 국가 소득총액에서 차지하는 비율은 1980년부터 2013년까지 급격하게 증가하고 있다. 선두주자인 미국의 경우 그 수치가 1980년에 8.2%에서 2010년에 17.5%로 증가했으며, 한

국은 7.5%에서 11.8%로 껑충 뛰어올라 2010년 이후 3~4위권에 올라 있다.[44] 국제구호단체인 옥스팜(Oxfam)이 매년 발표하는『불평등 보고서』는 세계의 부가 점차 더 소수의 손에 집중되고 있는 현실에 대해 경종을 울리고 있다. 전 세계 억만장자(10억 달러 이상을 가진 자산가) 2,200명이 소유한 부가 2018년 한 해에만 9,000억 달러가 늘었으니, 하루에 25억 달러씩 증가한 셈이다.[45] 충격적인 사실은 가장 부유한 억만장자 26명이 전 세계 인구의 하위 50%에 해당하는 38억 명의 재산만큼 많은 부를 소유하고 있다는 것이다. 하위 50%의 부에 상응하는 슈퍼-억만장자 그룹에 속하는 부자의 수는 2016년에는 61명이었고 2017년에는 43명이었으니, 소수에 의한 부의 독점은 최근 들어 더욱 가속화되고 있다.[46]

우리나라 부동산 소유의 불평등도 매우 심각한 수준이다. 2014년 현재가액 기준으로 상위 10%의 개인 토지 소유자가 전체 사유지의 65%를 소유하고 있으며, 전체 법인 소유지의 75%가 상위 1%의 법인 소유자에게 속했다.[47] 이같이 극심한 소유의 불평등은 지대 추구(rent seeking)에 따른 불로소득을 증가시켜 실물경제의 활력을 저하시키고 있다. 땅을 소유한 기득권층은 마치 스스로 땅을 생산하기라도 한 것처럼 소유권의 절대성을 주장하며 토지공개념에 강력하게 저항한다. 1989년 토지공개념법에 규정된 택지소유상한제가 IMF 구제금융 조치 이후 경기를 활성

화시킨다는 명분으로 폐지된 것이 그 사례이다.

『걸리버 여행기』의 작가 조너선 스위프트는 알렉산더 교황에게 보낸 편지에서 인간의 탐욕과 어리석음을 지적하며, 인간은 아리스토텔레스가 말한 것처럼 '이성적 동물'(animal rationale)이 아니라 단지 '이성적일 수 있는 동물'(animal rationis capax)이라고 말한다.[48] 그 어떤 철학자보다 인간의 이성을 강조했던 라이프니츠조차 인간은 "행동의 4분의 3의 경우에 동물과 같이 행동한다"고 하지 않았던가?[49] 인간은 존재의 지속을 위해 다른 동물들과 마찬가지로 타인이나 주변 환경과의 관계 속에서 자기 자리를 확보하기 위해 투쟁할 수밖에 없다. 그러나 인간은 또한 '이성적일 수 있는 동물'로서 사회 속에서 자신의 자리를 계속 지켜내기 위해서는 타인과의 협력이 필수라는 점도 잘 알고 있다. 인간이 왜 협력할 수밖에 없는지, 루소는 다음과 같이 설명했다.

> 자연상태에서 인간의 보존을 방해하는 장애물들의 저항력이, 개인이 자연상태에서 자신을 유지하기 위해 사용할 수 있는 힘을 능가하게 되었다. [……] 응집을 통해 여러 힘들을 모아 저항력을 이겨내고, 하나의 동력으로 힘들을 작동시켜 힘이 일치협력하여 움직이도록 하는 것만이 자신을 보존하기 위한 유일한 수단이다. 이렇게 힘을 합하는 것은 오직 여럿의 협력을 통해서만 가능하다.[50]

사회적 존재인 인간은 "응집을 통해" 무리를 지어서 자신을 보존할 수 있다. 과학 저술가 마크 뷰캐넌(Mark Buchanan)의 표현처럼 "사회적 원자"(social atoms)인 인간이 그 누구의 지시도 없이 자발적으로 모여서 무리를 이루면, 각 개인에게서는 볼 수 없는 집단 차원의 고유한 조직적 특성을 나타내게 된다.[51] 애덤 스미스가 얘기한 '보이지 않는 손'이나 하이에크가 얘기한 '자생적 질서'가 모두 이런 인간 사회의 자율구성을 지칭한다.

　　'보이지 않는 손'은 스미스가 젊은 시절에 쓴 『철학논집』의 「천문학사」에 처음 언급되었으며, 이후 그의 주저인 『도덕감정론』과 『국부론』에 다시 등장한다.[52] 사회 제도와 경제 원리뿐만 아니라 인간의 본성과 자연의 근본 이치를 평생 동안 탐구했던 스미스는, 자연현상과 인간 사회의 배후에서 밖으로 드러난 현상을 결정하는 보이지 않는 손이 존재한다고 믿었다. 이러한 자연적 원리가 부의 분배를 통해 인간 사회를 유지한다는 스미스의 생각은 『도덕감정론』에 지주와 소작인 간의 분배를 예로 들어 잘 표현되어 있다. "그들은(지주들은) 보이지 않는 손에 인도되어 대지가 모든 주민에게 똑같은 몫으로 분할되었을 경우에 이루어졌을 것과 거의 동일한 정도의 생활필수품의 분배를 하게 된다."[53] 그렇다면 근대 자본주의 체제는 스미스나 다른 자유주의 경제학자들이 꿈꾼 것처럼 '보이지 않는 손'에 의해 '자생적인 질서'가 이루어진 결과일까? 자유방임주의자들의 믿음과는 달리 경쟁을 회피하려는 자본가는 정치적 특혜를 얻어 사익을 극대화하고자 "보이지 않는 발"로 부지런히 뛰어다닌다.[54] 이렇게 보이지 않는 힘이 시장 질서를 왜곡하면 자유 경쟁은 고전경제학이나 신자유주의의 교과서 밖에서는 그 정당성을 잃는다.

장기적으로는 구성원 간의 합의와 협력만이 공동의 이익을 증진한다는 관점에서 볼 때, 근대사회에 지속되어온 소수에 의한 권력과 자본의 독점은 사회구성원 모두의 평화로운 공존을 가로막는 비합리적인 현상이다. '합리적이다'라는 말은 경제학에서 흔히 사용하는 것처럼 "주어진 목적에 대한 가장 효과적인 수단을 취한다"는 '도구적 합리성'을 의미한다.[55] 이러한 도구적 합리성을 강조한 대표적 철학자로 데이비드 흄을 들 수 있다. 그는 이성의 유일한 기능이 인간의 욕망에 의해 정해진 목적을 달성하는 것을 돕는 데 있다고 보았다.[56] 이러한 흄의 관점은, 이성을 "사물의 성질에 대하여 공통 관념과 타당한 관념을 소유하는 것"이라고 정의하고,[57] 이성이 제 기능을 못하면 무지로 인해 잘못된 행동을 하게 된다고 본 스피노자의 생각과는 차이를 보인다. 자본주의 경제의 합리성은 도구적 합리성의 관점에 따라 자본 축적이라는 목적을 효과적으로 달성하는 것을 기준으로 삼고 있다. 그러나 스피노자가 말한 대로 "이성의 명령"에 따라 "자신의 이익을 추구하는" 개인은 자신의 이익이 결국 공동체의 이익에 달려 있음을 인식하고 자본주의적 합리성에 대해 의문을 품지 않을 수 없다. 사회구성원 전체의 이익이 아니라 자본의 이익을 실현하는 것을 목적으로 움직이는 지금 사회와 달리, 이성적일 수 있는 동물인 인간이 서로 협력하며 진정으로 '이성적인 사회'를 구성하는 것은 어떻게 가능할까?

하버드대학교의 진화생물학자 마틴 노왁(Martin A. Nowak)은 협력이 돌연변이와 자연선택을 보완하는 진화의 세 번째 원리라고 주장한다.[58] 노왁과 그의 연구진은 타인이 배신하면 자신이 더 큰 불이익을 당하는 '죄수의 딜레마'에도 불구하고 개인이 경쟁 대신 협력을 선택하게 되는 과정을, 수학적 방법론을 활용하여 연구하고 있다. 노왁은 협력과 이타심의 비밀을 풀 수 있는 열쇠로 '직접 상호성', '간접 상호성', '공간 선택', '집단 선택', '혈연 선택'이라는 협력의 다섯 가지 원칙을 제시했다.[59] 이 다섯 가지 원칙의 기본적인 전제는 협력을 통해 얻는 이익이 협력자 개인의 비용을 초과할 때 장기적인 협력체계가 구축된다는 것이다. "내가 너의 등을 긁어줄 테니 너는 나의 등을 긁어라"라는 '직접 상호성'(direct reciprocity)의 원리를 예로 들면, 내가 개인적 비용을 들여 타인과 협력하면 궁극적으로는 타인으로부터 비용을 상쇄하는 보상을 받을 수 있다는 것이다.

노왁이 제시한 협력의 다섯 가지 원칙 중에서 '공간 선택'(spatial selection)은 '공간적 협력'(spatial cooperation)을 통해 개인 간이 아닌 전체 집단 차원의 '네트워크 상호성'(network reciprocity)을 증진시키는 협력 원리다. 이 원리는 경쟁과 독점이 지배해온 근대적 공간 질서를 대체할 수 있는 대안적 공동체 구성 원리를 고민하는 이들에게 깊은 통찰을 제공한다. 다윈의 자연선택 원리에 따르면, 구성원들이 고르게 잘 섞여 있는 환경에서는 자원 경쟁이 발생할 때 자기 이익만 추구하는 배신자(defector)가 손해를 무릅쓰는 협력자(cooperator)를 항상 이기게 된다. 앞서 소개한 가우스의 시험관 속 짚신벌레를 사례로 생각해보자. 한 마리 한 마리의 짚신벌레가 균질한 시험관 환경 속에서 무작위적으로 만나게 되는 경쟁자와 단지 생존을 위한 자원 경쟁에 몰입하면, 그 환경에 더 적합한 개체만 경쟁의 승자로 살아남게 될 것이다. 노왁은 실제 자연생태계에서는 생명체들이 가우스의 시험관과 달리 균질적으로 섞여 있지 않다는 사실에 주목했다. 서식하는 위치에 따라서 어떤 개체와는 더 자주 만나지만 다른 개체와의 조우 확률은 매우 낮을 수 있다. 즉 어떤 이웃과 무리를 짓고 사는지에 따라 전체 생태계 내의 협력자와 배신자의 공간적 분포 패턴과 빈도가 달라지는 것이다.

오츠키 히사시(Ohtsuki Hisashi) 박사와 진행한 연구에서, 노왁은 공간적 협력의 기본 원리를 간단한 수식으로 설명했다.[60] 바로 b/c > k라는 조건을 만족하면, 주변에 배신자가 있더라도 협력자의 무리가 더 우세해질 수 있다는 것이다. 즉 협력자가 협력

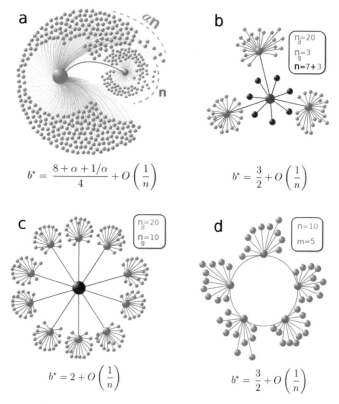

그림 15 대립적인 집단 간의 상호 연결을 통한 사회적 협력 증진

을 통해 얻는 이익(b)과 협력에 들이는 개인적 비용(c)의 비(b/c)
가 평균적인 이웃의 수(k)보다 크면 항상 협력자 무리가 배신자
무리보다 더 많아지게 된다. 협력의 비용(c)이 네트워크에서 얻게
되는 보상(b)으로 상쇄되기 때문에 일정한 숫자의 이웃(k)을 가

진 협력자의 무리가 형성될 수 있다는 의미이다.

사람들이 어떤 공간적 조건에서 이웃과 협력하는지를 잘 이해하면, 서로 대립하는 개인들 간의 관계에서뿐만 아니라 적대적인 사회집단 사이에서도 협력을 이끌어낼 수 있다. 노왁 연구진이 수행한 최신 연구는 협력하기보다는 대립하는 개인들로 이루어진 집단들이 서로 고립되어 있는 사회 내에서 기존의 단절된 집단들을 여러 가지 방식으로 연결해줌으로써 사회 전체의 협력이 증진될 수 있음을 보여주었다(**그림 15**).[61] 단절된 집단들은 셀 수 없이 다양한 방식으로 연결될 수 있는데, 기본적으로는 각 집단 내의 '게이트 노드'(gate node: **그림 15**에서 주황색으로 표시된 소집단 내 개체) 사이에 직접 연결고리(link)가 형성되거나 게이트 노드가 '중개 브로커 노드'(intermediary broker node: **그림 15**에서 파란색으로 표시된 연결고리 상의 개체)를 거쳐서 연결될 수 있다.

소규모의 대립적 집단(clique: n개의 구성원 모두가 서로 대립적 관계를 가지는 네트워크) 두 개가 연결된 경우(그림 a)에는 단지 노드 두 개가 연결되었을 뿐이지만, 연결로 인한 협력의 이익을 수식으로 계산하면 비현실적으로 큰 값이 얻어진다. 모든 구성원이 하나의 게이트 노드에 연결된 별 모양의 집단이 여러 개 모여 이루어진 다중 연결망의 경우에는, 모든 게이트 노드가 하나의 브로커 노드에 집중되는 완전히 중앙집중적 위계 구조(그림 c)

를 가질 수도 있고 게이트 노드가 브로커 노드를 거치지 않고 직접 연결되는 비교적 수평적인 위계 구조(그림 d)를 형성할 수도 있다. 소집단의 수(m)가 각 소집단의 개체수(n)보다 훨씬 적으면, 즉 $m \ll n$이면, 보다 수평적인 별 구조(그림 d)가 초협력증진자(super-promoter of cooperation)가 될 수 있다. 수없이 다양한 연결망 방식이 가능하겠지만 몇 가지 사례를 통해서 우리는 분명한 사실 한 가지를 확인할 수 있다. 여러 대립적인 집단으로 분열된 사회에 어떤 사회적 관계망이 형성되는지에 따라 구성원 간의 대립이 심화될 수도 있고 집단 간의 연결과 소통을 통해 협력이 증진될 수도 있다.

미생물 군집부터 복잡한 인간 사회까지 모든 생물 조직에 공통적으로 적용될 수 있는 공존의 원리가 존재할까? 공존을 위한 구체적인 방법은 수없이 다양하겠지만, 같은 공간에서 조우하는 경쟁자와의 다툼을 회피하려는 미생물이나 죄수의 딜레마를 무릅쓰고 적극적으로 협력 네트워크를 구성하는 인간이나, 모두 경쟁을 초래하는 공간적 제약을 극복하려는 면에서는 동일한 공존 전략을 구사한다고 볼 수 있다. 이러한 관점에서 볼 때, 앞서 살펴본 다양한 자연의 공존 전략은 다수의 생존을 보장하는 '공간 전략'이라고 할 수 있다. 소수가 공간을 독점하는 것이 아니라 다수가 함께 제한적인 공간을 최대한 효율적으로 활용한다는 점에서, 자연생태계에서 관찰되는 공존을 위한 공간 구성은 '민주적'이며 또한 '합리적'이다.

아메리카 대륙을 필두로 식민지라는 광대한 프런티어가 있었기에, 근대 자본주의는 부단히 생산과 소비 공간을 확장하며 성장할 수 있었다. 앞 장에서 소개한 바 있는 일본의 경제 비평가 미즈노 가즈오는 이제 프런티어를 다 잃어버리고 내부적으로는 인구 감소로 저성장 국면에 들어선 선진국의 상황을 비관적으로 바라본다. 그는 유럽과 미국이 견인해온 근대 자본주의는 이제 종말을 눈앞에 두고 있다고 진단한다.[62] 가즈오는 프런티어의 상실로 인해 한계에 직면한 자본주의가 돌파구를 찾기 위해서는, "보다 멀리, 보다 빠르게"에서 "보다 가깝게, 보다 천천히"로 경제 전략을 전환해야 한다고 주장한다.[63] 그러나 공간 확장 없이는 존재할 수 없는 자본주의는 아직 정복한 적이 없는 새로운 공간에서 돌파구를 찾고 있다. 더 이상 실물 공간에서 효과적인 이윤 추구가 불가능하기에 자본은 이제 가상공간을 창조해서라도 축적을 도모한다. 인터넷, SNS, AI, 가상화폐, 이 모든 것을 가능하게 하는 근본 동력은 무엇일까? 우주 탐사에 몰두하고 있는 제프 베이조스와 일론 머스크는 단지 어릴 때 꿈을 이루기 위해서만 "보다 멀리" 우주로 탐사선을 보내려는 것이 아닐 것이다.

미즈노 가즈오가 얘기한 것처럼, 보다 가까운 곳에서 새로운 생존 전략을 찾기 위해서는 지구상 모든 생명체의 삶터인 자연을 좀 더 자세히 살펴볼 필요가 있다. 허친슨의 다차원적 니치 개념을 다시 생각해보자. 다양한 환경 요인이 형성하는 다차원적 니치 공간에는 니치가 더 다양하게 세분화될수록 더 많은 생물이 공존할 수 있는 여분의 자리가 생겨난다. 다만 외래 침입종이나 유해 녹조처럼 자원을 독점하는 훼방꾼이 침입하면 니치의 다양성이 감소한다. 그에 따라 공존하는 생물의 다양성도 감소하고 생태계의 자원 이용 효율도 낮아진다.

근대의 공간 확장 전략은 프런티어를 착취해서 제국의 메트로폴리스를 성장시켰다. 이제는 메트로폴리스의 번영을 위해 소외되고 단절되었던 도시 내부와 지방의 소공동체를 다양한 방식으로 연결하고 대립하던 구성원들을 서로 협력하게 함으로써 사회적 생산을 증진하는, 보다 '합리적'인 공간 구성을 모색해야 할 때가 되었다. 그동안 우리가 살펴본 민주적이며 효율적인 자연의 자원 배분 원리는 '메트로폴리스-프런티어'의 위계 구도보다는 수평적인 '폴리스 네트워크'에서 더 잘 실현될 수 있을 것이다. 기존의 위계적 공간질서에서는 중앙의 정치권력과 대자본이 주변부를 '위에서 아래로'(top-down) 지배했다. 이와 달리 지역에 기반한 공동체 간의 수평적 네트워크는 외부의 지배자가 아니라 공동체 구성원의 행복한 삶을 목표로 '아래로부터'(bottom-up) 자율적으로 구성되고 수평적으로 연결된다. 이러한 공간 구성이 생명체나 생태계의 자율적 구성원리에 가까운 자연적이며 합리적인 방법이다.

스피노자는 "각각의 사물이 자기를 제외한 다른 무엇도 고려하지 않으면서 자기만을 보존하기 위해 전력해야 한다"는 사실이 자연법의 가장 중요한 원칙임을 분명히 했다.[64] 여기서 우리는 스타인벡이 얘기한 생명의 첫 번째 법칙을 다시 떠올리게 된다. 문제는 자연의 질서를 인간의 이성으로 다 이해할 수 없다는 데에 있다. 다시 스피노자의 말을 빌리면, "자연은 인간의 이익과 자기 보존을 목표로 삼는 이성 법칙에 의해 한계 지워지지 않고, 범위가 무한히 넓은" 것이어서, 우리는 "전체 자연질서와 그것의 상호 의존성에 대해서 완전히 무지"할 수밖에 없다.[65]

거친 자연 속에서 인간의 공존을 가능하게 하는 생태적 니치를 확립하기 위해서는, 다른 생물종과는 다른 인간 사회의 고유한 구성 원리를 따져봐야 한다. 사회적 동물인 인간은 사회 속에서 자신이 맺고 있는 다양한 관계를 이성의 힘으로 조망할 수 있는 특별한 동물이다. 인간은 과거의 시행착오를 통해서 공존의 묘책을 터득한다. 과거의 경험에서 공존의 이치를 터득한 이는 자신에게 해를 끼치거나 득이 될 수 있는 타인과 관계를 맺을 때 나의 몫을 타인에게 양보함으로써 둘 다 공존할 수 있는 새로운 길을 모색한다.

존 롤스(John Rawls)의 『정의론』은 정의로운 제도가 능력이 다른 개인들이 공존할 수 있게 하는 사회적 장치임을 강조한다.

> 천부적으로 타고나는 것(natural distribution)은 정의롭다거나 부정
> 의하다고 할 수 없으며, 사람이 사회의 어떤 특정한 지위(position)에
> 태어나는 것도 부정의하다고 볼 수 없다. 이것은 단지 자연적인 사실
> (natural fact)에 불과하다. 정의 여부가 문제되는 것은 제도가 그러한
> 사실을 처리하는 방식이다.[66]

사회 내에서 개인이 차지하는 위치를 '사회적 니치'라고 이름
붙일 수 있다면, 그런 사회적 니치를 잘 조율하는 제도를 갖춘 공
정한 사회에서는 사람과 사람이, 그리고 사람과 자연이 조화를 이
루며 평화롭게 공존할 수 있을 것이다. 에티오피아에는 바로 이
런 공존의 지혜를 실천하고 있는 마을이 있다. 점박이 하이에나
(spotted hyena)는 아프리카에서 사자 다음으로 크고 사나운 포
식자다. 마을에 침입해서 식량을 훔쳐가거나 어린아이를 해치기
때문에 많은 사람들이 두려워하는 존재다. 그러나 하라르(Harar)
마을의 주민들은 이런 하이에나들과 오랫동안 좋은 관계를 유지
하고 있다. 4백 년이 넘는 마을의 전통이라고 한다. 푸줏간 주인
은 고기를 팔고 남긴 뼈다귀를 모아서 하이에나들이 먹을 수 있게
나누어주고, 심지어 어떤 주민은 마을을 찾는 하이에나를 일부러
자기 집으로 불러서 바로 옆에서 자기 손으로 고기를 하이에나의

입에 넣어주기도 한다.[67]

왜 하라르의 주민들은 하이에나를 친구로 여기게 되었을까? 그들은 하이에나가 마을을 떠도는 악령을 없애준다고 믿고 있다. 포악한 하이에나와 대결해서 피해를 입기보다는 자신들이 가지고 있는 것을 조금 나누어줌으로써 맹수와 장기적으로 공존할 수 있다는 생태적 지혜가 이러한 주술적 믿음을 형성하게 된 건 아닐까? 하라르의 주민들이 자기 몫을 양보하여 야수와의 대립을 피할 수 있었던 것처럼, 이해가 충돌하는 개인들과 집단들 사이에서도 개개인의 생존에 필요한 자리와 몫을 보장함으로써 지속가능한 공존의 길을 모색할 수 있을 것이다.

절대민주주의(omnino absolutum imperium)를 위한 새로운 사회계약

앞서 살펴본 것처럼, 장기적인 진화 과정에서 생태계의 생물다양성이 증가하고 생물의 생존에 필요한 자원은 소수에 의해 독점되기보다는 다수의 종과 개체에게 적절히 배분된다. 기득권 세력이 "보이지 않는 발"로 뛰어다니며 시장 질서를 교란시키는 인간 사회보다는 자연생태계에서 보이지 않는 손이 더 잘 작동하는 것이다. 자연과 달리 자본주의 경제 체제는 마르크스의 예언대로 자본과 자원의 편중으로 인해 결국 파국을 향해 치달을 수밖에 없는 것일까?

2008년 이후 세계적 경제위기에 대한 각국 정부의 대응을 보면서 대의제 민주주의의 한계를 절감하는 사람들이 늘고 있다. 세계 여러 나라에서 경제위기를 초래한 투기적 금융자본의 독주를 견제하는 데에 실패했다. 정부가 경제적 불평등에 대한 조정자의 역할을 수행하기보다는 경제 회생이라는 미명 아래 대자본의 이익에 부합하는 정책을 지속하고 있다. 스스로를 "애덤 스미스와 데이비드 흄의 스코틀랜드 자유주의의 산물"[68]이라고 일컬으며 자유시장주의의 선봉을 자임해온 영국의 경제 주간지 『이코노미스트』조차도, 지속적인 불평등 심화에 대해 올바른 정책 대안을 제시하지 못하고 있는 세계 여러 나라의 현실에 대해 비관적 전망을 내놓고 있다. 2018년 7월 21일자 『이코노미스트』 기사는 미국과 유럽의 최근 조세 정책이 빈부 격차 해소보다는 오히려 부자들의 세금 부담을 줄여주는 방향으로 전개되고 있음을 비판했다.[69] 부자 감세 정책은 소수에게 부의 집중이 가속될수록 그에 비례해서 그들의 정치적 영향력이 커지고 있는 현실을 방증한다.

사회계약론자들의 주장과는 달리, 모든 개인의 권리를 보호하는 데 앞장서야 할 정부가 왜 소수의 엘리트가 권력과 부를 독점하는 데 유리한 정책을 지속하는 걸까? 사회계약론의 한계는 무엇보다도 인간의 '자연상태'와 '정치사회'의 구성원리에 대한 이론 자체가 갖는 모순에서 찾을 수 있을 것이다. 이 같은 한계를 평가할 때 고려해야 할 또 다른 요인은 사회계약론이 태동했던 근

대 초기의 역사적 여건과 달리, 이후 산업혁명을 거치면서 근대사
회가 급격한 변화를 경험했다는 점이다.

"인류 공동의 소유"인 땅과 그 땅의 과실을 개인이 노동을 통
해 사유화할 수 있다는 논리를 펼 때 로크는 조심스럽게 소수의
개인에 의한 부의 독점을 경계했다. 그는 "도토리 같은 땅의 열매
를 채집하는 것이 정당한 일이라면, 누구나 마음먹은 대로 독점할
수도 있지 않겠는가?"라고 걱정했다.[70] 그는 "자연법은 우리에게
재산을 주었지만 동시에 그 재산을 억제하기도 한다"라고 하며,
이러한 자율적인 억제를 통해 모든 개인이 누릴 만큼 충분한 자원
이 있다고 믿었다. 그러나 근대사의 전개 과정은 로크의 생각과는
전혀 다른 방향으로 진행되었다. 인구와 경제 규모는 로크가 상상
도 못했을 만큼 빠른 속도로 성장했으며, 소수의 대자본이 다수의
생존을 위협할 정도로 자원을 독점하며 "더 멀리, 더 빠르게" 팽
창했다.

경제학자 야니스 바루파키스는 2008년 이후 "파산한 은행들
이 세계를 지배"하는 체제를 '뱅크럽토크라시'(bankrptocracy)
라고 일컬었다.[71] 2차 세계대전 이후 서유럽 국가의 정치적 안정
과 복지를 가능하게 한 사회민주주의가 후쿠야마가 말했던 '역사
의 종말'로 여겨진 적도 있었다. 그러나 바루파키스가 보기에, 서
유럽식 사회민주주의와 더 나아가서 자본주의 체제 자체가 2008
년 이후 더 이상 제대로 작동하지 않고 있다. 전 세계적으로 경기

침체가 장기화되면서 사회민주주의적 복지 체제를 가능하게 했던 자본과 노동 사이의 재분배가 갈수록 어려워지고 있는 것이다. 2008년 이후의 경제 위기에 제대로 대처하지 못한 정치권의 무능에 더해 인공지능과 로봇이 주도하는 생산양식의 변화를 근거로 들며, 바루파키스는 자본주의가 앞으로도 제대로 작동하기 어려울 것이라고 전망한다.

바루파키스는 이후 『가디언』에 쓴 "나는 어떻게 변칙 마르크스주의자가 되었나?"(How I Became an Erratic Marxist?)라는 글에서 주류경제학자였던 그가 마르크스의 자본주의 분석을 받아들일 수밖에 없는 이유를 밝혔다.[72] 그가 보기에 마르크스의 자본주의 비판의 핵심은 부의 분배에 대한 것이다. 부는 사회 전체에 의해 생산되지만 소유권이라는 사회적 관계에 의해 사유화된다. 그런데 이 사회적 관계의 재생산은 전적으로 잘못된 사회적 의식에 의해 공고해짐을 마르크스는 꿰뚫어보았다. 이 책에서 살펴본 근대의 사상가들이야말로 본인들이 의도했든 아니든, 사유재산과 자율적인 시장 메커니즘을 전제한 근대 자본주의 체제가 지속적으로 가동할 수 있는 정신적 윤활유를 제공한 장본인들인 셈이다.

동시대를 살았던 다른 지식인과는 달리 권력자와 부자를 멀리하며 "가난하고 외롭고 높고 쓸쓸하게" 살던 스피노자는 몇 가지 유품만을 남기고 세상을 떠났다. 그가 남긴 가구며 옷가지는 방세와 이발사나 약사에게 진 빚을 갚기 위해 경매에 부쳐졌다. 철저하게 아무것도 남기지 않고 떠난 무소유 철학자다운 마지막 모습이었다. 그의 유산이라고는 출판된 책 몇 권과 유품 속에 들어 있던 미완성 원고인 『정치론』이 전부다. 이 원고에서 말년의 스피노자가 주요 정치체제에 대해 품었던 생각을 엿볼 수 있다. 그러나 안타깝게도 군주정과 귀족정에 대한 비교적 자세한 서술과는 달리 민주정에 대한 생각은 단지 몇 줄밖에 남아 있지 않다. 민주정에 대한 이 짧은 서술을 보면 스피노자가 그가 살았던 시대의 편견에서 자유롭지 않았다는 것을 알 수 있다. 한 예로, 그는 여자는 "남자와 선천적으로 동등한 권리를 갖지 않는다"며, 정치 조직에서 여자를 배제할 것을 주장했다.[73]

현실 정치의 냉혹함과 인간 이성의 한계를 몸소 체험한 후 민주주의에 대해 스피노자가 도달한 결론은 무엇이었을까? 그는 생전에 출간된 책 『신학-정치론』에서 민주정이 인간 본성에 부합하는 "가장 자연적인 국가 형태"라고 주장한 바 있다.[74] 이러한 민주정의 근본적인 목적은 "어리석은 욕구를 피하며 사람들이 이성의 경계 안에 있도록 하는 것"이라고도 했다. "인간은 열정적인 정서에 사로잡힐 때 서로 대립될 수" 있지만, "이성의 지도에 따라 생활하는 한 본성상 언제나 필연적으로 일치한다."[75] 이후 스피노자는 대중이 이성에 의해 인도되기보다는 수동적인 정서에 지배를 받아 서로 대립하게 된 끔찍한 참상을 직접 목격했다. 이러한 비이성적 현실에 의해 그의 생각에는 어떤 변화가 생겨났을까?

스피노자뿐만 아니라 많은 사상가들이 민주주의에 대한 다양한 정의를 시도했다. EBS 다큐멘터리 <민주주의>에서는 자원 배분의 관점에서 민주주의를 "시민에 의한 자원 배분 권력"으로 간결하게 정의했다.[76] 이 정의에 등장하는 자원 배분의 주체는 근대 시민혁명의 주체인 바로 그 시민이다. 근대적 의미의 시민이 오늘날 제기되고 있는 대의 민주주의의 위기를 해결할 수 있는 주체가 될 수 있을까?

이탈리아의 마르크시스트 정치철학자 안토니오 네그리는 거대 자본에 의한 독재를 거부하고 민주주의를 실현할 저항의 주체로 다중을 지목하며, 다중의 사상적 기원을 스피노자에게서 찾고 있다. 그는 스피노자가 『신학-정치론』과 『정치론』에서 제시한 민주주의의 핵심 요소를 양적 차원과 질적 차원으로 설명한다. 먼저 양적 차원에서 절대민주주의는 사회구성원 전체로서 다중의 지배를 의미하며, 질적 차원에서 민주적 정치체제는 개인을 두려움에서 해방시키고 개인의 권리를 보장함으로써 자유로운 다중의 지배를 실현한다.[77] 홉스가 자연상태의 혼란과 폭력에 대한 두려움 때문에 절대권력을 가진 왕권을 옹호한 것과 달리, 스피노자는 개인을 모든 두려움에서 해방시킬 수 있는 다중의 지배를 꿈꾼 것이다.

스피노자가 꿈꾼 다중이 지배하는 민주주의는 어떤 모습이었을까? 그는 미완성 유고『정치론』에서 절대민주주의를 세 단어로 간결하게 정의했다. '옴니노 압솔루툼 임페리움'(*omnino absolutum imperium*). 우리말로 옮기면 '전적으로 절대적인 통치'를 의미한다.[78] 여기에서 절대적인 통치의 주체는 누구인가? 하트와 네그리에 따르면 근대의 사상가 중 최초로 스피노자가 다중만이 민주주의의 진정한 주체가 될 수 있음을 명확하게 인식했다.[79]

홉스 같은 다른 17세기 사상가들과 마찬가지로 스피노자는 인간이 물체와 동일한 법칙을 따르는 것으로 생각했다. 당시 영국에서는 로버트 보일(Robert Boyle)이 당대의 지배적인 순물질 이론을 공격하며 물체는 구성입자의 종류와 결합 방식에 따라 성격이 달라진다는 새로운 물체론을 제시했다. 스피노자는 보일의 물체론에 따라 기본적인 구성입자 간의 조우(encounter)와 결합(assembly)이 특정 물체의 존재를 결정한다고 생각했는데, 그의 정치학에서 다중은 물체와 마찬가지로 다양한 개인 간의 조우와 결합에 의해 형성되는 복합체로 인식된다. 마치 여러 생물 종과 개체 간의 복잡한 영양관계에 따라 다양한 생물군집이 구성되는 것처럼, 사회적 지위와 역할이 다른 개인들 간의 결합 방식에 따라 다양한 사회 구성이 가능하다는 것이다.

다중에 의한 자율적 사회 구성은 전통적인 계급론의 관점으로는 잘 파악되지 않는 개념이다. 그러나 역사의 주요 고비마다 다중은 실체를 드러낸다. 2016년에 우리가 경험했던 촛불민심을 다중의 역동성과 아래로부터의 진정한 자율구성을 실증한 사례로 볼 수 있지 않을까? 이동통신사의 유동 인구 빅데이터를 분석한 자료는 그해 11~12월 두 달 동안 광화문광장으로 향하는 1,700만 촛불집회 참여자들의 모습이 마치 마른 들판에 타오르는 불길 같다는 느낌을 준다.[80] 직업도 다르고 사는 곳도 다른 수많은 '철수와 영희'가 광장에 모여 한목소리로 외친다. 민의를 대변하지 않는 가짜 민주주의는 가라고.

앞에서 논의한 것처럼, 홉스는 인민과 달리 다중은 의지와 행동의 통일성이 결여되었기 때문에 정치적 주체가 될 수 없다고 보았다. 반면에 스피노자는 다중의 바로 그 다양성과 즉자성에서 진정한 민주주의의 실현 가능성을 찾았다. 하트와 네그리의 해석을 따르자면, 다중의 민주주의는 사회적 지위나 계층과 상관없이 재산과 권력을 가지지 못한 "가난한 다중"(the multitude of the poor)이 자발적으로 '공동의 재산'(the common, 이하 '공동재산' 혹은 '공유재'도 같은 의미로 사용)을 생산하는 과정이다.[81] 이 "공동의 재산에 대한 추구"(a quest for the common) 과정에서 고유한 개인들은 다양한 방식으로 조우하고 협력하며 공동의 권력을 형성하고, 이 공동의 권력이 '공동의 부'(common wealth)를 생산한다.

그렇다면 서로 다른 개인이 함께 공동의 부를 만들 수 있는 근본적인 동력은 무엇인가? 여기서 생명을 지속하려는 노력, 즉 코나투스는 솔로가 아니라 코러스의 형태로 등장한다. 함께 모여 공동의 부를 추구하는 개인들의 행동을 스피노자는 아주 간명한 논리로 설명하는데, 바로 이 지점에서 그의 인간관은 홉스 같은 부르주아 사상가의 관점과 극명한 대조를 이루게 된다. 홉스의 주장을 다시 상기해보자. 타인을 해칠 수 있는 능력 면에서 대동소이한 개인들이 다 같이 살고자 하면, 자신의 자유와 권한을 일부 침해받더라도 불가피하게 공존을 위한 신의계약을 수립할 수밖에 없다는 것이다.

스피노자에게 인간의 사회적 관계는 위험을 피하기 위한 불가피한 선택이 아니라 혼자서는 살 수 없는 인간의 자연스런 지향이다. 스피노자의 말을 그대로 옮기면, "서로 돕지 않고 이성의 도움이 없는 인간이야말로 필연적으로 가장 비참하게 산다"는 사실을 고려해서 "가능한 한 복되고 그리고 안전하게 함께 살아가기 위한 협약에 반드시 도달해야 한다."[82] 하트와 네그리가 첨언한 것처럼, 다른 17세기 사상가들이 사회화를 자연상태의 극복으로 본 것과는 달리, 스피노자는 다중이 공동의 부를 추구하는 노력을 긍정적으로 바라보았다.[83] 공유재의 생산은 생명의 가장 기본적인 차원에서 일어나는 것으로, 그 과정에서 "인간의 본성은 무화되는 것이 아니라 일련의 사회적 생산 과정 속에서 전환되는" 것이다. 인간의 본성과 사회적 관계에 대한 홉스와 스피노자의 대조적인 관점은 결국 민주적 정치체제와 자원 배분을 상상하고 추구하는 정치적 입장의 차이로 나타났다.

거미 싸움을 지켜보며 스피노자가 자연의 구성원리를 사색했을 거라고 추측했는데, 실제로 거미 관찰자 스피노자에게서 우리는 생태학자 스피노자를 만날 수 있었다. 하트와 네그리는 스피노자의 명제 '신 즉 자연'에서 자연이 다름 아닌 공유재이며, 공유재를 사적 소유물로 유지하려는 기성 권력에게 다중이 어떻게 저항할 수 있을지 질문한다. 하트와 네그리는 그들의 신작 『어셈블리』(Assembly)에서 어떻게 다중이 "주인 없이 함께 스스로 통치할 수 있는지"에 대해 질문한다.[84] 또한 그들은 새로운 사회를 조직하는 과정에서 정치 지도자의 역할을 "전술적 영역"으로 제한할 것을 제안한다. 근대화 과정에서 정치 지도자들이 스스로를 "백성의 종"이라고 불렀지만 실제로는 다중이 소수 엘리트의 정치적 주권에 종속되었던 전철을 되풀이하지 않기 위해서는, 사회의 공동재산을 다중 스스로 관리하는 전략적 결정을 담보할 수 있는 제도와 장치를 수립하는 것이 최우선 과제임을 강조한다.

칸트가 1784년에 발표한 짧은 논문 「세계주의 관점에서 본 보편적 역사론」(Idee zu einer allgemeinen Geschichte in weltbürgerlicher Absicht)에는 '계몽주의자 칸트'의 진보적 역사관이 간결하게 정리되어 있다. 그보다 3년 앞서 출간한 『순수

이성비판』에서 자신만의 견고한 철학 체계를 구축한 60세의 원숙한 철학자는 이 짧은 논문에서 "인류 최대의 문제"(Das größte Problem für die Menschengattung)에 대해 얘기한다. 그것은 바로 어떻게 "규범을 집행하는 보편적인 시민사회"를 달성하느냐는 문제이다.

칸트는 인간의 고유한 능력을 최대로 발현시키는 방향으로 역사가 진보한다고 생각했다. 인간은 혼자가 아니라 사회적 존재로 타인과 함께 노력할 때에만 최고의 능력을 발휘하는데, 문제는 개인의 의지가 종종 사회적 요구와 상충한다는 것이다. 이 문제를 칸트는 "비사회적 사회성"(die ungesellige Geselligkeit)이라고 불렀다. 사회적 존재이면서도 자신의 이익을 우선하는 인간의 이중성은 필연적으로 사회 갈등을 초래한다. 칸트는 이러한 갈등이 무리 속에서 개인이 자신의 자리를 지키기 위해 최선을 다해 노력하게 만들기 때문에 인간의 가치를 실현시키는 긍정적인 효과를 가진다고 보았다. 서로 다투면서 성장하는 인간을 칸트는 빽빽한 숲속에서 공기와 빛을 좇아 다투면서 아름답고 곧은 줄기를 가지게 되는 나무들에 비유한다. 애덤 스미스의 '보이지 않는 손'에 이끌려 열심히 경쟁하는 인간의 모습을 떠올리게 되는 순간이다.

칸트는 비사회적 사회성을 가진 개인들이 서로 다투면서 각자가 가진 능력을 최대로 발현할 수 있는 곳이 "가장 자유로운 사회"라고 생각했다. 그렇다면 칸트가 꿈꾼 자유로운 사회는 후쿠야마가 역사의 종말로 간주한 자유시장 경제나 하이에크의 카탈락시처럼 어떤 제도적 구속으로부터 완전히 자유로운 곳일까? 칸트는 최대의 자유를 얘기하면서, 동시에 자유의 명확한 한계를 제시한다. 그는 타인의 자유도 보장하기 위해서는 개인이 누릴 수 있는 "자유의 명확한 정의와 한계"가 필요함을 역설한다. 비사회적 사회성으로 인해 다투며 개인의 능력을 신장시키는 것이 "지혜로운 창조자의 명령"(die Anordnung eines weisen Schöpfers)이 아니라 보이지 않는 "사악한 정신의 손"(die Hand eines bösartigen Geistes)에 이끌려서는 안 되기 때문이다. 따라서 개인의 자유를 보장하기 위해서는 무엇보다 규범적인 강제력으로서 "완전히 정의로운 시민법"이 필요하다. 이렇게 정의로운 제도를 가진 사회를 이루는 것이 "인류에게 자연이 부여한 지상 과제"인 것이다.

계몽주의자 칸트는 역사의 진보를 믿었다. 그가 보기에 인류의 역사는 인간의 능력을 최대한으로 실현할 수 있는, 정의로운 "인류의 완전한 시민 연합체"로 나아가는 도정이다. 그러나 그는 보이지 않는 "사악한 정신의 손"이 야기할 수 있는 갈등과 혼란도 명확히 인식했다. 또한 그는 하트와 네그리보다 훨씬 오래전에, "주인을 필요로 하는 동물"인 인간이 어떻게 주인 없이 정의로운 시민사회를 이룰 수 있을지 고민했다.

칸트가 품었던 의문은 여전히 쉽게 답을 찾을 수 없는 어려운 숙제로 남아 있다. 다중 스스로 사회의 공동재산을 관리할 수 있는 대안적 사회를 어떻게 건설할 것인가? 앞으로 탐험을 계속할 수 있는 지적 자극을 제공하기 위해, 쉽게 대답할 수 없는 질문을 이 책을 마무리하는 과제로 선택했다. 이 과제를 통해 독자 자신의 상상력을 시험해보기 바란다. 당신이 화성에 식민지를 건설하는 탐험대의 일원이라고 상상해보라. 지구에서 그 누구도 실현한 적이 없는 절대민주주의를 화성의 식민지에 꽃피우려면 어떤 사회계약을 맺어야 할까?

[과제] 화성 식민지의 사회계약

에스파냐의 콩키스타도르부터 21세기 기업가까지 한계를 모르는 정복자의 욕망은 이제 지구를 벗어나서 우주를 향하고 있다. 화성에 식민지를 세우겠다는 일론 머스크의 치기를 비웃기라도 하듯 더 야심차고 황당한 일이 벌어지고 있다. 최초의 우주 국가를 건설하겠다는 계획이 발표된 것이다.[85] 그 국가의 이름은 아스가르디아(Asgardia)이다. 스칸디나비아의 신화에 나오는 아스가르드(Asgard)는 하늘에 있는 신들의 땅이다. 아스가르디아 프로젝트를 주도하는 러시아 출신의 사업가이자 과학자인 이고르 아슈르베일리(Igor Ashurbeyli)는 아스가르디아 홈페이지에 내건 선언문에서 "요람인 지구를 벗어나 우주로 영역을 확장하고자 하는 인간의 영원한 꿈"을 반영하기 위해 이런 국가명을 선택했다고 밝히고 있다.

아스가르디아는 현재 홈페이지에서 국민 신청을 받고 있는데, 지구에 살고 있는 인간이라면 누구나 국민이 될 자격이 있다고 한다. 아슈르베일리는 지원자 수가 10만 명을 넘으면 UN에 공식적으로 국가 신청을 할 계획이라고 한다. 최초의 국가사업으로 아스가르디아 소속 위성을 발사할 계획도 발표하였다. 아슈르베일리는 아스가르디아 프로젝트의 목표가 지구를 보호하고 우주 탐사 기술을 일반인에게도 제공할 수 있는 법적 기반을 구축하는 것이라고 밝히고 있다. 당신도 이 취지에 공감한다면 최초의 우주 국가 국민이 될 것을 고민해보기 바란다. 홈페이지에서 간단한 가입 절차만 거치면 되니, 누구나 쉽게 아스가르디아 시민이 될 수 있다. 아스가르디아 기획자들의 숨은 의도를 정확하게 파악할 수는 없지만, 머스크의 화성 식민지 프로젝트와 마찬가지로 사람들의 이목을 끌어 수익을 창출하려는 기업가의 야심이 느껴진다고 하면 지나친 의심일까?

사업가의 장사 수완이 아니라 혁명가의 이상에 의해 화성 식민지를 상상한 경우도 있다. 볼셰비키 혁명가 알렉산더 보그다노프(Alexander Bogdanov)가 1909년에 발표한 공상과학소설 『붉은 별』이 바로 그 상상의 결과물이다.[86] 보그다노프는 볼셰비즘을 창시한 22인 중에서 레닌 다음으로 영향력이 있는 혁명 지도자였으나, 노선의 차이로 1908년에 레닌에 의해 당에서 축출되었다. 의사이자 시스템 이론가이기도 했던 보그다노프는, 자본주의의 한계를 극복하고 진정한 공산주의 국가를 건설하기 위해서는 혁명을 선도할 노동자들의 역량과 의식 수준이 뒷받침되어야 한다고 믿었다. 그는 성급하게 혁명을 일으켜 관료 엘리트에게 권력을 넘기기보다는 일반 대중에게 프롤레타리아 철학과 문화를 보급하는 것이 급선무라고 주장했다. 이는 자본주의의 근본 모순에 의해 혁명이 발생하면 노동자는 의식 수준과 상관없이 혁명을 수행할 것이라는 레닌의 생각과 완전히 배치되는 것이었다.

레닌과의 사상 투쟁에서 패해 당에서 축출된 이듬해에 보그다노프는 공상과학소설의 형태를 빌려 자본주의 이후의 사회에 요구되는 인간형을 그려냈다. 그가 상상한 유토피아는 화성에 건설된 식민지로, 이곳에서는 노동자들이 하고 싶은 일과 노동 시간뿐만 아니라 누구를 위해 일을 할지도 스스로 결정한다. 중앙통제실에서는 모든 공장에서 노동력이 부족한지, 아니면 과잉으로 공급되는지를 실시간으로 파악해서 노동자들이 자신이 필요한 곳을 찾아서 자발적으로 이동하도록 도와준다. 개인의 자율과 국가의 조정을 통해 자원 활용의 극대화를 도모한다는 점에서, 보그다노프가 그린 화성 공동체의 운영 원리는 소비에트 계획경제 체제의 일방적인 통제와는 큰 차이가 있다. 한 실패한 혁명가의 공상 속에 건설된 이상사회에서는 효율적이며 민주적인 자원 배분이 이루어진다. 그러나 사유재산과 자본가의 이윤 추구에 의해 유지되는 현대 자본주의 사회에 어떻게 생산수단의 공유와 성숙한 노동자 의식을 전제로 가동되는 보그다노프식 이상사회의 작동 원리를 적용할 수 있을까?

이제 근대사와 생태학 이론이 뒤엉긴 복잡한 여정의 막바지에 이르렀다. 독자 스스로 앞서 소개한 두 화성 식민지 이야기를 참고하여 근대의 모순을 극복할 수 있는 대안을 생각해볼 차례다. 지구상에서 더 이상 절대민주주의를 실현할 수 없다고 판단한 한 무리의 개척자들이 화성의 식민지에 대의제 민주주의와 시장자본주의의 한계를 극복할 수 있는 대안 사회를 건설하려 한다고 가정하자. 이 개척자 집단의 일원으로서 당신에게 본인과 공동체의 이익을 함께 증진할 수 있는 사회계약을 작성하는 임무가 주어진다면, 당신은 어떤 항목을 중심으로 당신이 꿈꾸는 자유롭고 정의로운 사회를 그려볼 것인가?

20세기 최고의 철학자라고 평가받는 존 롤스는 평생을 바쳐 사회정의의 문제를 파고들었다. 그는 필생의 대작 『정의론』에서 분석철학적 방법과 게임이론을 이용하여 사회계약론을 현대적으로 재구성하였다. 롤스는 누구나 수긍할 수 있는 확고한 근거에 기초해서 정의의 원칙을 도출하고자 했다. 그는 '원초적 입장'(original position)이라는 가상적 상황에서 절차적으로 공정한 사회계약을 수립할 수 있다는 독창적인 주장을 펼친다.[87] 원초적 입장은 전통적인 사회계약론에서 자연상태에 해당하는 것으로, 원시적 상태나 다른 역사상 실재했던 상태가 아니라 정의의 원칙을 도출하기 위해 가정된 가상적 상황이다. 각 개인은 개인적 능력이나 성향 및 인종, 종교, 계급처럼 현재 자신이 처한 입장에 따라 자신에게 유리한 계약을 맺으려고 할 것이다. 만약 자신의 현재 상황을 전혀 알지 못하는 "무지의 베일"에 가린 원초적 입장에 처한다면 개인은 어떤 선택을

하게 될까? 롤스의 주장에 의하면 이러한 가상적 상황에서 개인은 "자신의 특정 조건에 유리한 원칙들을 구상할 수 없는 까닭에", "거기에서 도달하게 된 기본적 합의는 공정한 것"이 된다.

이러한 공정한 절차에 따라 롤스 정의론의 두 가지 원칙이 도출된다. 타인에게 해를 입히지 않는 범위 내에서 모든 이에게 평등하게 기본적 자유(basic liberties)를 최대한 허용한다는 것이 정의의 제1원칙이다. 두 부분으로 이루어진 제2원칙 중에서 첫 번째 부분이 기회 균등의 원칙이고, 두 번째가 그 유명한 차등의 원칙(difference principle)이다. 차등의 원칙은 최소 수혜자(the least advantaged)에게 최대의 이익을 가져다줄 경우에만 사회적 불평등이 정당화될 수 있다는 일종의 '최약자 보호의 원칙'이다.[88] 현재 내가 처한 사회적 입장이 아니라 무지의 베일에 가린 원초적 입장에서는 나도 최약자의 입장이 될 수 있기에 최약자의 이익을 최대한 고려한 사회계약을 할 수밖에 없을 것이다. 이러한 원초적 입장에서 화성 식민지의 새로운 사회계약을 작성하게 된다면 당신도 차등의 원칙에 따라 공정한 사회제도를 구상할 수 있을 것이다.

롤스가 희망한 것처럼 공정한 절차에 따라 정의로운 사회를 건설하기 위해, 화성 식민지의 사회계약서에 당신이 꿈꾸는 민주주의 원칙을 반영해보라. 당신이 꿈꾸는 민주주의와 이 땅의 현실 민주주의를 비교해보면 앞으로 우리가 해결해나가야 할 과제가 분명해질 것이다. 우리보다 350년 앞서 개인의 자유를 보장하면서 동시에 구성원 모두의 이익을 도모할 수 있는 사회계약을 고민했던 루소의 생각을 참고하여 새로운 사회계약서를 어떻게 쓸지 상상해보자.

> 공동의 힘을 다해 각 회합원의 인격과 재산을 지키고 보호하며, 각
> 자가 모두와 결합함에도 오직 자기 자신에게만 복종하기에 전만큼
> 자유로운 회합 형식을 찾는 것. 바로 이것이 사회계약으로 해결하
> 려고 하는 근본 문제다.[89]

새로운 여행

행복이란 붉은색 여름 움막 한 채와

감자밭 한 뙈기를 가지는 것이다.

– 핀란드 격언

"간디 스투핏, 모디 그레잇"(Gandhi stupid, Modi great). 간디 추모공원인 뉴델리의 라즈 가트(Raj Ghat)로 가는 택시 안이었다. 힌디어로 '왕의 무덤'이라는 의미를 가진 라즈 가트는 1948년에 극우파 힌두 청년에게 암살당한 간디의 유해를 화장한 곳이다. 인도를 여행하면서 가장 많이 보게 되는 인물이 바로 간디다. 모든 지폐에 그의 얼굴이 나오니 하루에도 몇 번씩 보지 않을 수 없다. 대부분의 인도인이 간디를 존경하겠지 생각하며 "요

즘도 인도에서 간디는 가장 존경받는 인물이냐?"라고 던진 질문
에 택시 기사는 뜻밖의 대답을 들려주었다.

산주(Sandhu)라는 이름의 그 택시 기사는 의사소통을 하
는 데 문제가 없을 정도의 영어 실력을 갖추고 있었다. 그는 단
어 네 개만으로 너무나도 명쾌한 인물평을 내놓았다. 간디와 네루
가문은 인도를 위해 제대로 한 게 없으니 간디나 네루나 다 "어
리석은"(stupid) 사람이란다. 반면에 나렌드라 모디(Narendra
Modi) 수상은 인도를 위한 올바른 정책을 펴고 있으니, 정말 "위
대한"(great) 사람이란다. 그는 "모디는 가족도 없이 오직 나랏일
에만 헌신하고 있으니 다른 지도자들처럼 부패할 위험도 없다"고
덧붙였다. 힌두 우선주의를 펴고 있는 모디는 반대파에게는 힌두
국수주의자로 비판받고 있지만, 그의 열렬한 추종자인 택시기사
에게 모디에 대한 비판은 분열주의자들의 모략에 불과한 것 같다.

모디를 추종하는 인도의 택시기사에게서 공화주의자 더빗을
살해하고 왕당파를 추종했던 17세기 네덜란드 대중의 모습을 떠
올리게 되는 이유는 무엇일까? 인도 현대사와 현재 정치 상황을
잘 모르는 외국인의 입장이다 보니, 간디와 모디 중 누가 진정 인
도를 위해 바람직한 지도자인지 제대로 평가할 수는 없다. 그러나
데카르트가 말하지 않았던가? 친숙한 자기 땅과 시대를 벗어남으
로써 관습과 편견의 어리석음을 깨닫게 해준다는 면에서 여행과
역사 공부는 유사하다고.[1]

스피노자의 시대나 현대 인도에서나 우리는 국외자의 입장에서 그 시대와 그 사회에만 고유한, 그래서 거기 속한 사람들에게는 너무나 익숙한 관습과 편견을 어느 정도 객관적으로 관찰할 수 있다. 훌륭한 지도자가 이끄는 공정하고 개방적인 사회라면 공공의 부가 소수에 의해 독점되지 않고 구성원 전체의 이익을 위해 활용되며, 정치적으로나 문화적으로 더 포용적인 모습을 보일 것이다. 당신은 더 공정하고 열린사회를 지향하느냐는 질문에 특정 종교와 정파의 이익에 매몰된 이해당사자는 제대로 답하기 어려울 것이다. 반면에 역사를 공부하거나 낯선 나라를 여행하는 관찰자는 그 나라의 이해당사자보다 오히려 더 객관적인 시각을 가질 수 있다.

자연과 사회의 자원 배분에 대한 탐색 과정에서 우리가 대답해야 할 근본적인 질문 하나가 분명해졌다. 에스파냐의 정복자들이 생각한 것처럼 세상은 정말 충분하지 않은가? 이 질문은 이미 간디가 대답한 바 있다. 세상의 자원은 모두의 필요를 충족할 만큼 충분하다. 문제는 자기 몫 이상을 원하는 탐욕스런 사람이 다른 이의 몫을 빼앗아 자신의 욕심을 채우려 할 때 생겨난다. 베네수엘라는 막대한 석유 매장량에도 불구하고, 식민주의 역사의 잔재를 극복하지 못하고 국가 붕괴의 위기에 처했다. (4장 [사례]) 베네수엘라 사태는 그 처참한 실패 사례를 통해, 진짜 문제는 자원의 총량이 아니라 가용한 자원의 민주적 배분과 관리에 있음을 역설하고 있다. 『뉴욕 리뷰 오브 북스』(*New York Review of Books*) 2018년 3월호에 실린 베네수엘라 사태 분석 기사는 아수라장이 된 병원에서 한 여인이 『엘 나시오날』(*El National*) 잡지의 기자에게 외치는 말로 끝을 맺고 있다. 이 여인의 외침은 분배 문제의 원인이 어디에 있는지 알려준다. "아주 부유한 나라였어요. 우리는 모든 것을 가지고 있었지만 그들이 다 망쳐버렸어요. 우리의 미래까지도."[2]

사익을 추구하는 개인의 욕망을 부추겨 더 열심히 일하고 소비하게 함으로써 경제 성장을 도모하자는 근대의 진보주의가 여전히 지배적인 시대정신으로 남아 있다. 앞서 사례로 든 멍크 디베이트의 투표 결과에서 확인할 수 있듯이, 인간의 창의성과 지속적인 혁신을 통해 보다 많은 자원을 보다 효율적으로 활용하면 앞으로도 계속 더 많은 사람의 욕망을 충족시킬 수 있다는 주장에 많은 사람들이 공감하고 있다. 지속적인 성장을 통해서만 자본 축적이라는 존립 근거를 충족할 수 있는 자본주의 경제의 특성을 생각해보면, 진보가 근대의 시대정신이 된 것은 어쩌면 필연적인 선택이었는지 모른다.

그러나 세상의 그 어떤 존재도 계속해서 성장할 수는 없다. 21세기에 들어와 저성장의 덫에 갇힌 선진국들의 사례는 자본주의 경제도 "무한 성장은 불가능하다"는 진리의 예외가 될 수 없음을 확인시켜준다. 미국, 일본 및 유럽 주요 국가들의 2010년부터 2014년까지 5년간 연평균 경제성장률을 보자. 미국(2.16%)과 독일(2.02%)을 제외하면 모두 1%대로, 일본 1.61%, 영국 1.60%, 프랑스 1.01%, 이탈리아 −0.41%이다.[3] 장기적인 저성장 국면에 접어든 선진국들의 경제 침체 상황을 3~4%에 달하던 1980년대의 평균 성장률과 비교해보면, 무한 성장이 가능하다는 근대의 시대정신에 대해 깊은 의구심을 갖게 된다.

근대 자본주의 체제의 한계를 극복할 대안은 존재할까? 스피노자가 살았던 시대부터 21세기까지 자본주의적 세계화 과정에 대한 탐색을 통해 한 가지 분명한 사실을 확인할 수 있었다. 유한한 세계의 자원이 점점 더 많은 사람에 의해 민주적으로 이용되기보다는 소수에 의해 독점되어 부와 소득의 불평등이 심화되고 있다. 시장의 보이지 않는 손이 자원의 효율적 배분을 보장할 거라는 환상에서 벗어나 자원 배분의 민주적 원리를 찾아 나서야 할 때가 되었다. 즉 공존의 원리로부터 자원 배분의 대안을 찾아야 한다. 일본의 생태주의자 츠치다 다카시가 말한 공생공빈(共生共貧)은 이러한 공존의 대안을 찾는 과정에서 되새겨보아야 할 중요한 원칙이다.[4] 한자 빈(貧)은 '조개를 나누다', 즉 '자원을 나눈다'는 뜻을 가지고 있다. 개인 입장에서는 가진 것을 나누면 더 적게 가지게 되어 자신만 가난해지는 것으로 생각할지 모른다. 그러나 유한한 자원을 나누어 함께 살지 않으면 사회 전체의 지속적 재생산은 불가능하다. 나눔은 공존의 필요조건이다.

지속가능발전해법네트워크(SDSN)라는 유엔 산하 자문기구가 매년 전 세계 156개국을 상대로 국민 행복도를 조사하여 『세계행복보고서』를 발간한다. 이 보고서에서 덴마크는 다른 스칸디나비아 복지국가들과 1위를 다투는 "행복 대국"이다. 세계에서 가장 행복한 나라 덴마크에서 사람들은 첫 월급을 타면 의자를 산다고 한다.[5] 인생이라는 '시간'을 보내는 '공간'의 질이 행복으로 이어진다고 믿는 덴마크인들은 첫 월급을 의자라는 소중한 공간에 투자해서 사회인으로서의 시작을 기념한다.

2018년에 『세계행복보고서』에서 덴마크를 제치고 1위를 차지한 핀란드에서도 행복의 필수조건인 공간에 대한 염원이 남다르다. "행복이란 붉은 색 여름 움막 한 채와 감자밭 한 뙈기를 가지는 것이다"라는 핀란드의 격언이 강조하듯이, 행복한 국가에서는 국민 개개인이 자신이 원하는 삶의 자리를 지킬 수 있도록 공간과 자원이 관리된다. 인테리어 회사를 운영하는 일본인 저자가 쓴 『덴마크 사람은 왜 첫 월급으로 의자를 살까』의 책 표지에는 '인생을 바꾸는 공간 활용법'이라는 부제가 적혀 있다. 이제 소수의 선택된 개인들뿐만 아니라 모든 사회구성원의 행복을 증진하기 위해 '사회를 바꾸는 공간 활용법'을 모색해야 할 때다.

새로운 사회계약의 목표가 자본의 무한 증식이 아니라 공동의 부를 잘 관리하여 구성원 모두의 행복을 증진하는 데 있다면, 지구의 자원은 아직 모두의 필요를 충족시키기에 부족하지 않다. 스피노자가 얘기한 "이성의 인도에 따라서 자기의 이익을 추구하는 사람"은 자신이 사회 속에서 타인과 함께 살아야 하는 다중의 일원임을 잘 안다. 사회구성원 모두가 행복하게 공존하기 위해서는 제한된 자원을 가장 민주적이며 효율적으로 배분할 수 있는 사회 시스템과 공간 전략을 고민해야 할 것이다. "사유재산의 공화국"을 뒷받침한 근대적 사회계약뿐만 아니라, 20세기 서유럽의 복지 사회를 지탱한 "사회민주주의적인 뉴딜 노선"도 그 효력을 잃어가고 있다. 다중 모두가 자유롭고 행복한 절대민주주의를 꿈꾸는 이들은 가보지 않은 새로운 길을 찾아 나서야 한다. 사회의 올바른 구성 원리를 고민하던 스피노자에게 거미 관찰이 영감을 주었던 것처럼, 자연에서 얻은 생태적 상상력이 한계에 봉착한 근대적 민주주의의 대안을 찾아 새로운 여행을 시작하는 이들에게 좋은 길 안내자가 되기를 희망한다.

감사의 말

새로운 모험을 시작할 용기를 주신 분들에게 감사의 마음을 전합니다. 이 책이 나오기까지 지원과 격려를 아끼지 않은 이음 출판사 모든 분에게 감사드립니다. 특히 원고를 세세히 살펴서 책의 모습을 갖추게 해주신 이승연 편집자께 고마움을 전합니다. 바쁜 일정에도 원고를 읽고 조언해준 국민대학교 고동욱 교수님께도 감사드립니다. 이 책의 원고를 함께 읽으며 도움을 준 아내의 따뜻한 격려도 잊을 수 없습니다. 이 책을 준비하던 지난 2년간, 주중에는 학교에서 연구와 교육을 수행하고 주말에는 원고를 붙잡고 있었기에 가장의 의무를 소홀히 할 수밖에 없었습니다. 사랑하는 아내 도연과 딸 소은에게 고맙고 미안한 마음을 담아 이 책을 바칩니다.

주석

프롤로그: 탐험의 이유

1 연세대학교 학보 『연세춘추』 2016. 10. 28. (http://chunchu.yonsei.ac.
kr/news/articleView.html?idxno=21896)

2 스피노자, 『에티카』, 강영계 옮김, 서광사 (1990), 220쪽.

3 질 들뢰즈, 『스피노자의 철학』, 박기순 옮김, 민음사 (1999).

4 Johannes Colerus, *The Life of Spinoza*, (1705). (영어 번역문을 참고
하였으며, 참고한 번역문의 정확한 영문 번역자는 알려져 있지 않으나
Fredrick Pollock의 1923년 번역으로 추정됨. (https://kvond.wordpress
.com/2008/06/15/the-life-of-spinoza-colerus-1705-part-i/;
2017. 11. 5 접속)

5 김근배, 「왜곡된 '보이지 않는 손' 실제로 어떤 손인가?」, 『애덤 스미스의
따뜻한 손』, 중앙books (2016).

6 "This is How We Let the Credit Crunch Happen, Ma'am …",
The Guardian, 2009. 7. 26. (https://www.theguardian.com/
uk/2009/jul/26/monarchy-credit-crunch)

7 엘마 알트파터, 『자본주의의 종말』, 염정용 옮김, 동녘 (2007), 107쪽.

8 John Steinbeck, *The Log from the Sea of Cortez*, Penguin Classics
(1977), p. 26.

9 크리스토퍼 보엠, 『숲속의 평등: 강자를 길들이는 거꾸로 된 위계』, 김성동 옮김, 토러스북 (2017).

10 존 스타인벡의 같은 책 (주 8), 10쪽.

1 서론: 근대의 샴쌍둥이

1 영국 버밍햄 회의 기사: "Is the Earth flat? Meet the People Questioning Science", *The Observer*, 2018. 5. 27. (https://www. theguardian.com/global/2018/may/27/is-the-earth-pancake-flat-among-the-flat-earthers-conspiracy-theories-fake-news). 미국 덴버 회의 기사: "Flat Earthers Keep the Faith at Denver Conference", *The Guardian*, 2018. 11. 18. (https://www.the-guardian. com/us-news/2018/nov/18/flat-earthers-keep-the-faith-at-denver-conference)

2 토마 피케티, 『21세기 자본』, 장경덕 외 옮김, 글항아리 (2014), 299쪽.

3 하비의 책에서 재인용. 데이비드 하비, 『자본의 17가지 모순: 이 시대 자본주의의 위기와 대안』, 황성원 옮김, 동녘, (2014), 209쪽.

4 카를 슈미트, 『땅과 바다: 칼 슈미트의 세계사적 고찰』, 김남시 옮김, 꾸리에 (2016), 88쪽.

5 장 자크 루소, 『고백록 2』, 이용철 옮김, 나남 (2012). 감옥에 갇힌 디드로 방문과 관련된 일화는 제8권 127~138쪽을 참조함.

6 같은 책, 제7권, 123~124쪽.

7 장 자크 루소, 『사회계약론』, 김영욱 옮김, 후마니타스 (2018), 11쪽.

8 루소와 볼테르를 중심으로 한 주류 계몽사상가들과의 갈등에 대해서는 다음 책의 3장을 참고함. Pankaj Mishra, *Age of Anger: A History of the Present*, Picador (2017), pp. 86~106. 판카지 미슈라, 『분노의 시대: 현재의 역사』, 강주헌 옮김, 열린책들(2018).

9 러시아국립도서관, NLR Online Exhibitions—Voltaire and Rousseau: Irreconcilable Contradiction? (http://expositions.nlr.ru/eng/ex_rare/Voltaire_Rousseau/dogovor.php)

10 Cronk, N., *Volaire: A Very Short Introduction*, Oxford University Press (2017), p. 30.

11 로랑 조프랭, 『캐비어 좌파의 역사: 가난한 자들의 편에 선 부자들의 이야기』, 양영란 옮김, 워드앤코드 (2012), 49쪽.

12 Piketty T., *Brahmin Left vs Merchant Right: Rising Inequality and the Changing Structure of Political Conflict*, World Inequality Database Working Paper Series N° (2018). (http://piketty.pse.ens.fr/files/Piketty2018.pdf; 2018. 11. 5 접속)

13 러셀 쇼토, 『세상에서 가장 자유로운 도시, 암스테르담』, 허형은 옮김, 책세상 (2016), 255쪽.

14 페르낭 브로델, 『물질문명과 자본주의 III-1: 세계의 시간 上』, 주경철 옮김, 까치 (1997), 251쪽.

15 같은 책, 258쪽.

16 데카르트의 글은 스티븐 내들러가 쓴 스피노자 전기의 관련 내용에서 재인용함. 스티븐 내들러, 『스피노자: 철학을 도발한 철학자』, 김호경 옮김, 텍스트 (2011), 228~229쪽.

17 스티븐 내들러, 『스피노자와 근대의 탄생: 지옥에서 꾸며진 책 <신학 정치론>』, 김호경 옮김, 글항아리 (2014), 10쪽.

18 Umberto Eco, "On Unread Books", *The Paris Review* (November 2017). (https://www.theparisreview.org/blog/2017/11/02/on-unread-books/)

19 토마스 홉스의 저작에 대한 철학사적 평가에 대해서는 Anthony Kenny의 책을 참조함. Kenny, A., "*The Rise of Modern Philosophy*", A New History of Western Philosophy (Vol. 3), Oxford University Press (2006), pp. 283~289. 앤서니 케니, 『근대철학』, 김성호 옮김, 서광사 (2014).

20 토머스 홉스, 『리바이어던 1』, 진석용 옮김, 나남 (2008), 171쪽.

21 같은 책, 169쪽, 172쪽.

22 같은 책, 232쪽.

23 "Crowd Force, You're Not as Smart as You Think You are", *The Economist* (April 8, 2017) 책 소개(Steven Sloman and Philip Fernbach, *The Knowledge Illusion: Why We Never Think Alone*).

24 데카르트, 『방법서설/성찰/철학의 원리/세계론/정념론/정신지도를 위한 규칙』, 소두영 옮김, 동서문화사 (2016), 25쪽.

25 Paine, R. T., *Food Web Complexity and Species Diversity*, The American Naturalist. 100: (1966), pp. 65~75.

26 디트리히 슈바니츠, 『교양: 사람이 알아야 할 모든 것』, 인성기 옮김, 들녘 (2001), 174~175쪽.

27 카를 슈미트, 같은 책 (주 4), 17쪽.

28 하인리히 하이네, 『독일, 어느 겨울동화』 중 'Caput VII' ("Franzosen und Russen gehört das Land, Das Meer gehört den Briten, Wir aber besitzen im Luftreich des Traums Die Herrschaft unbestritten"). 원문 출처: Deutsche Lyrik. (https://www.deutschelyrik.de/index. php/zyklus-deutschland-ein-wintermaerchen-caput-vii.html)

29 디트리히 슈바니츠, 같은 책 (주 26), 480쪽.

30 Goodwin, Robert, *Spain: The Center of the World 1519-1682*, Bloomsbury Press (2015), p. 1.

31 카를로스 푸엔테스, 『라틴 아메리카의 역사』, 서성철 옮김, 까치글방 (1997), 95쪽.

2: 스피노자의 시대

1 강신주, 「기쁜 관계를 지키고 슬픈 관계와 단절하라」, 『한겨레』 (2014년 3월 24일).

2 서해성, 「스피노자를 위한 각주」, 『한겨레』 (2013년 5월 25일).

3 백석의 시, 「흰 바람벽이 있어」 중에서.

4 "I was born in the year 1632, in the city of York, of a good family ..."
— Daniel Defoe. (1808). *The Life and Adventures of Robinson Crusoe*, The Project Gutenberg eBook (http://www.gutenberg.org/files/12623/12623-h/12623-h.htm#page1)

5 이매뉴얼 월러스틴,『근대세계체제 1: 자본주의적 농업과 16세기 유럽 세계 경제의 기원』, 나종일 외 옮김, 까치 (2013), 109~110쪽.

6 미즈노 가즈오,「자본주의와 민주주의 싸움」,『녹색평론』(2016년 7~8월호), 14~29쪽.

7 미야자키 마사카츠,『하룻밤에 읽는 세계사』,이영주 옮김, 랜덤하우스코리아 (2007), 246쪽.

8 디트리히 슈바니츠,『교양: 사람이 알아야 할 모든 것』, 인성기 옮김, 들녘 (2001), 180~182쪽.

9 마녀사냥과 관련된 사료와 역사적 평가에 대해서는 주경철 책 참조. 주경철,『주경철의 유럽인 이야기 2: 근대의 빛과 그림자』, 휴머니스트 (2017).

10 러셀 쇼토,『세상에서 가장 자유로운 도시, 암스테르담』, 허형은 옮김, 책세상 (2016), 5~96쪽.

11 Chirs Martenson, *The Crash Course: The Unstainable Future of Our Economy, Energy, and Environment*, John Wiley & Sons, Inc., Hoboken (2011).

12 페르낭 브로델,『물질문명과 자본주의 III-1: 세계의 시간 上』, 주경철 옮김, 까치 (1997), 257쪽.

13 Turner, Jack, *Spice: The History of a Temptation*, Vintage Books (2005), p. 37. 잭 터너, 『스파이스: 향신료에 매혹된 사람들이 만든 욕망의 역사 』, 정서진 옮김, 따비(2012).

14 네덜란드 동인도회사(VOC)에 관해서는 러셀 쇼토의 같은 책 4장(주 10) 참조함.

15 *Visual Capitalist*, 2017. 12. 8. (http://www.visualcapitalist.com/most-valuable-companies-all-time/)

16 Jason W. Moore, *Capitalism in the Web of Life: Ecology and the Accumulation of Capital*, Verso, London/New Work, (2015) (7장); 학회 강연 "To Make Ourselves the Masters and Possessors of Nature", *Dutch Capitalism and the World-Ecological Revolution of the Long Seventeenth Century* 참조함. (강연 자료: https://www.versobooks.com/blogs/3432-video-jason-w-moore-to-make-ourselves-the-masters-and-possessors-of-nature-dutch-capitalism-and-the-world-ecological-revolution-of-the-long-seventeenth-century)

17 암본 학살에 대한 내용은 Turner의 같은 책(주 13), 39~40쪽을 참조함.

18 Essential Vermeer 홈페이지 참조. (http://www.essentialvermeer.com/vermeer%27s_life_04.html#.WZk4xShJZPa)

19 John Berger, *Portraits: John Berger on Artists*, Verso, London (2017), pp. 137~158.

20 질 들뢰즈, 『스피노자의 철학』, 박기순 옮김, 민음사 (1999), 20쪽.

21 스피노자, 『스피노자 서간집』, 이근세 옮김, 아카넷 (2018), 207쪽.

22 스피노자, 『신학정치론 정치학 논고』, 최형익 옮김, 비르투 (2011), 11~12쪽.

23 스티븐 내들러, 『스피노자와 근대의 탄생: 지옥에서 꾸며진 책 <신학
정치론>』, 김호경 옮김, 글항아리 (2014), 60쪽에서 재인용.

24 얀 더빗의 적대자가 더빗 사후에 그의 서고에 있던 도서의 목록을 작성하며
『신학정치론』이 얀 더빗의 지원을 받아 출판되었다고 주장하는 내용을 담은
메모를 첨가함. (스티븐 내들러, 같은 책, 390쪽)

25 얀 더빗에 대한 정치적 평가는 내들러의 해석을 따름. (스티븐 내들러, 같은
책, 91~98쪽)

26 1672년 사태는 Rampjaar(재난의 해)라고 불리며, 관련 내용은 스티븐
내들러의 같은 책을 참조함. 563~570쪽.

27 러셀 쇼토의 같은 책(주 10), 298쪽.

28 질 들뢰즈의 같은 책(주 20), 25쪽.

29 스피노자, 『에티카』, 강영계 옮김, 서광사 (1990), 217쪽.

30 질 들뢰즈의 같은 책(주 20), 24쪽.

31 스피노자의 같은 책(주 22), 290쪽.

32 스피노자의 같은 책(주 29), 163쪽.

33 같은 책, 260쪽.

34 같은 책, 118쪽.

35 같은 책, 118~119쪽. 강조 표시는 저자에 의함.

36 토머스 홉스, 『리바이어던 1』, 진석용 옮김, 나남 (2008), 21쪽.

37 같은 책, 227쪽.

38 스피노자의 같은 책(주 29), 313쪽.

3: 자연의 민주주의

1 Martin A. Nowak, Roger Highfield, *Super Cooperators: Altruism, Evolution, and Why We Need Each Other to Succeed*, Free Press (2011), p. 14. (재인용) 로저 하이필드, 마틴 노왁, 『초협력자』, 허준석 옮김, 사이언스북스(2012).

2 토머스 홉스, 『리바이어던 1』, 진석용 옮김, 나남 (2008), 169쪽.

3 복거일, 『정의로운 체제로서의 자본주의』, 삼성경제연구소 (2005), 136~137쪽.

4 Moore, J. F., "Predators and Prey: A New Ecology of Competition", *Harvard Business Review*, May–June 1993, pp. 75~86.

5 Darwin, C. 1859. *The Origin of Species by Means of Natural Selection*. Penguin Classics(1985), Penguin Books, London, UK. p. 129

6 Lang, J. M., Benbow, M. E., "Species Interactions and Competition", *Nature Education Knowledge* 4(4) (2013), p. 8. (http://www.nature.com/scitable/knowledge/library/species-interactions-and-competition-102131429)

7 위키피디아의 게오르기 가우스 관련 항목 참조. (https://en.wikipedia.

org/wiki/Georgy_Gause)

[8] 다윈의 같은 책(주 5), p. 129.

[9] Georgy F. Gause, *The Struggle for Existence*, Williams and Wilkins (1934), p. 102.

[10] 위키피디아의 '에벌린 허친슨' 관련 항목 참조. (https://en.wikipedia.org/wiki/G._Evelyn_Hutchinson)

[11] Grinnell, J., "The Niche-Relationships of the California Thrasher", *The Auk* 34 (1917), pp. 427~433.

[12] Hutchinson, G. E., "Concluding Remarks", *Cold Spring Harbor Symposia on Quantitative Biology* 22(2) (1957), pp. 415~427.

[13] 가우스의 같은 책(주 9).

[14] 다윈의 같은 책(주 5), p. 127.

[15] Hutchinson, G. E., "Homage to Santa Rosalia or Why are There So Many Kinds of Animals?", *The American Naturalist* 93 (1959), pp. 145~159.

[16] Pocheville, A., "The Ecological Niche: History and Recent Controversies", Heams, T., Huneman, P., Lecointre, G., et al., *Handbook of Evolutionary Thinking in the Science*s, Springer (2015), pp. 547~586. (p. 560)

[17] Griffin, J. N., Silliman, B. R., "Resource Partitioning and Why It Matters", *Nature Education Knowledge* 3(10) (2011), pp. 49~54.

(http://www.nature.com/scitable/knowledge/library/resource-partitioning-and-why-it-matters-17362658)

[18] Amarasekare, P., "Competition and Coexistence in Animal Communities", Levin, S. A., Carpenter, S. R., Godfray, H. C. J., Kinzig, A. P., Loreau, M., Losos, J. B., Walker, B., and Wilcove, D. S. (Eds.), *The Princeton Guide to Ecology*, Princeton University Press (2009), pp. 196~201.

[19] Chesson, P., "Mechanisms of Maintenance of Species Diversity", *Annual Review of Ecology and Systematics* 31 (2000), pp. 343~366.

[20] 같은 논문, 345쪽.

[21] Griffin and Silliman의 같은 논문(주 17).

[22] 『뉴욕타임스』의 그랜트 부부 기사(https://www.nytimes.com/2014/08/05/science/in-darwins-footsteps.html?_r=2)와 부부가 함께 쓴 책을 참조함. 피터 그랜트, 로즈메리 그랜트, 『다윈의 핀치: 진화의 비밀을 기록한 40년의 시간』, 엄상미 옮김, 다른세상 (2017).

[23] Grant, P. R. and Grant, B., "Evolution of Character Displacement in Darwin's Finches", *Science* 313 (2006), 224~226쪽.

[24] Amarasekare, P., "Competition and Coexistence in Animal Communities", Levin, S. A., Carpenter, S. R., Godfray, H. C. J., Kinzig, A. P., Loreau, M., Losos, J. B., Walker, B., and Wilcove, D. S. (Eds.) *The Princeton Guide to Ecology*, Princeton University Press (2009),

pp. 196~201. (환경 변이에 따른 공존 메커니즘 설명은 pp. 197~200)

[25] Mittelbach, G. G., "A Matter of Time for Tropical Diversity", *Nature*, 2017. doi:10.1038/nature24142.

[26] Usinowicz, J., et al., "Temporal Coexistence Mechanisms Contribute to the Latitudinal Gradient in Forest Diversity", *Nature*, 2017. doi: 10.1038/nature24038.

[27] Kunstler, G. et al., "Plant Functional Traits Have Globally Consistent Effects on Competition", *Nature* 529 (2016), pp. 204~207.

[28] 생물종 간의 생존 경쟁력 차이가 없다고 주장하는 허벨의 생물다양성 중립 이론(Hubbell, S. P., *The Unified Neutral Theory of Biodiversity and Biogeography*, Princeton University Press, 2001) 외에도 자율구성적 유사성에 대한 연구가 활발히 진행되고 있다. 자율구성적 유사성에 대한 이론적으로 고찰한 대표적 연구 사례는 다음을 참조할 것. Scheffer, M., van Nes, E. H., "Self-Organized Similarity, the Evolutionary Emergence of Groups of Similar Species", *Proceedings of the National Academy of Sciences of the United States of America* 103 (2006), pp. 6230~6235; Vergnon, R., van Nes, E. H., Scheffer, M. 2012. "Emergent Neutrality Leads to Multimodal Species Abundance Distributions", *Nature Communications* 3 (2012), p. 663.

[29] Paine, R. T., "Food Web Complexity and Species Diversity", *The American Naturalist* 100 (1966), pp. 65~75.

[30] Hubbell의 같은 책 (주 28)

[31] Hubbell, S. P., "Neutral Theory and Ecological Equivalence", *Ecology* 87 (2006), pp. 1387~1398.

[32] Scheffer and Nes의 같은 논문 참조 (주 28)

[33] Grilli, J., Barabás, G., Michalska-Smith, M. J., Allesina, S., "Higher-Order Interactions Stabilize Dynamics in Competitive Network Models", *Nature* 548 (2017), pp. 210~213.

4: 콩키스타도르와 상인

[1] Relación del nuevo descubrimiento del famoso río Grande que descubrió por muy gran ventura el capitán Francisco de Orellana ("Account of the Recent Discovery of the Famous Grand River Which was Discovered by Great Good Fortune by Captain Francisco de Orellana") https://en.wikipedia.org/wiki/Gaspar_de_Carvajal

[2] 주경철, 『대항해 시대』, 서울대학교출판문화원 (2008), 417쪽.

[3] 페르낭 브로델, 『지중해: 펠리페 2세 시대의 지중해 세계 II-1』, 남종국. 윤은주 옮김, 까치글방 (2017), 71쪽.

[4] 같은 책, 72쪽.

[5] 폭력의 세계화에 대한 개념과 사례는 주경철의 같은 책(주 2) 머리말과 4장을 참조함.

[6] Frankopan, Peter, *The Silk Roads: A New History of the World*,

Bloomsbury Paperbacks (2016) p. 202. (피터 프랭코판, 『실크로드 세계사』, 이재황 옮김, 책과함께 (2017).

7 같은 책, p. 219.

8 유로파의 전설과 유럽 문명에 미친 아시아와 타 문명과의 교류가 미친 영향에 대해서는 데이비스의 책을 참조함. Norman Davies, *Europe: A History*, HarperPerennial, (1998) pp. xvii~xix.

9 미즈노 가즈오, 「자본주의와 민주주의 싸움」, 『녹색평론』 2016년 7~8월호, 22~24쪽.

10 Vitousek PM., "Biological Invasions and Ecosystem Processes: Towards an Integration of Population Biology and Ecosystem Studies", *Oikos* 57 (1990), pp. 7~13.

11 남극 반도 침입 식물종(*Poa annua*) 사례 출처: "Plants Gone Wild: Antarctica Edition", *Science News*, 2012. 3. 5. (https://www.sciencemag.org/news/2012/03/plants-gone-wild-antarctica-edition)

12 Molles, M. C., *Ecology: Concepts and Applications*, McGraw-Hill Education, (2016) pp. 219~221.

13 "An Army of Worms is Invading Africa: Hungry Caterpillars and Hungry People", *The Economist*, 2018. 1. 18. (https://www.economist.com/middle-east-and-africa/2018/01/18/an-army-of-worms-is-invading-africa)

[14] Vitousek의 같은 논문(주 10) 참조.

[15] 데이비드 데이, 『정복의 법칙』, 이경식 옮김, Human & Books (2006), 33~35쪽.

[16] García-Jimeno, Camilo, and James A Robinson, "The Myth of the Frontier", *Understanding Long-Run Economic Growth*, University of Chicago Press (2011), pp. 49~88.

[17] 식민주의에 대한 정의와 정당화 논리에 대해서는 『스탠포드 철학 백과사전』(*Stanford Encyclopedia of Philosophy*)을 참조함. (https://plato.stanford.edu/entries/colonialism/)

[18] Goodwin, Robert, *Spain: The Center of the World 1519~1682*, Bloomsbury Press, 2015. (라스카사스와 엥코미엔다 시스템에 대해서는 1장 내용을 참조함)

[19] 엔리케 두셀, 『1492년 타자의 은폐: '근대성 신화'의 기원을 찾아서』, 박병규 옮김, 그린비 (2011), 50쪽.

[20] 카를 5세의 취약한 정치적 기반에 대해서는 Goodwin의 같은 책(주 18) 1장을 참조함.

[21] 티머시 H. 파슨스, 『제국의 지배: 제국은 왜 항상 몰락하는가』, 장문석 옮김, 까치 (2012), 159쪽.

[22] Turner, Jack, "Their First Priority was Getting Rich Quick", *Spice: The History of a Temptation*, Vintage Books (2005), p. 23. 잭 터너, 『스파이스: 향신료에 매혹된 사람들이 만든 욕망의 역사 』, 정서진 옮김,

따비(2012).

[23] Marco Polo, *The Travels of Marco Polo*, Milton Rugoff (Editor), Signet Classics (2004), p. 211.

[24] 에두아르도 갈레아노, 『수탈된 대지: 라틴아메리카 5백년사』, 박광순 옮김, 범우사 (2009), 63쪽.

[25] 카스티야의 레콩키스타와 아메리카 식민지 정복에 대한 해석은 파슨스의 같은 책(주 21) 3장을 참고함.

[26] 갈레아노의 같은 책(주 24), 67쪽.

[27] 같은 책, 71쪽.

[28] "I have seen the things that they have brought the King from the new golden land." Albrecht Dürer, "Diary of His Journey to the Netherlands." Hugh Thomas, *Rivers of Gold: The Rise of the Spanish Empire, from Columbus to Magellan*, Random House (2003), pp. 444~445.

[29] 파슨스의 같은 책(주 21), 145~146쪽.

[30] 포토시의 은광 개발과 관련해서는 갈레아노의 같은 책(주 24), 73~77쪽 참조.

[31] 페르낭 브로델, 『지중해: 펠리페 2세 시대의 지중해 세계 II-1』, 남종국·윤은주 옮김, 까치글방 (2017), 161쪽.

[32] 카를로 M. 치폴라, 『스페인 은의 세계사』, 장문석 옮김, 미지북스 (2015), 35쪽.

33 페르낭 브로델의 같은 책(주 31), 133쪽.

34 Frankopan의 같은 책(주 6), p.238.

35 J. M. 로버츠, O. A. 베스타, 『세계사 II』, 노경덕 외 옮김, 까치 (2015), 840쪽.

36 갈레아노의 같은 책(주 24), 77쪽.

37 디트리히 슈바니츠, 『교양: 사람이 알아야 할 모든 것』, 인성기 옮김, 들녘 (2001), 173쪽.

38 「우리 또래는 삼국지를 읽어서 망했다」, 『조선일보』, 2017년 6월 30일 인터뷰. http://premium.chosun.com/site/data/html_dir/2017/06/29/2017062901655.html

39 남미의 에스파냐 식민지 개척 과정에서 나타난 정복자들의 탐욕스런 행동을 "무장한 투기꾼"으로 규정한 파슨스의 견해를 따름. 파슨스의 같은 책(주 21), 142쪽.

40 파슨스의 같은 책(주 21), 146~148쪽.

41 갈레아노의 같은 책(주 24), 64쪽.

42 브로델의 같은 책(주 31), 368쪽.

43 주경철의 같은 책(주 2), 86~87쪽.

44 Tristan Mostert, *Chain of Command: The Military System of the Dutch East India Company*, Master Thesis, Leiden University (2007), pp. 124~125.

45 데이비드 프리스틀랜드, 『왜 상인이 지배하는가: 권력의 역사를 이해하는 새로운 시선』, 이유영 옮김, 원더박스 (2012), 2장의 디포와 영국 상인에

대한 내용을 참조함.

46 "Free Exchange: How Chávez and Maduro Have Impoverished Venezuela", *The Economist*, 2017. 4. 6. (http://www.economist.com/news/finance-and-economics/21720289-over-past-year-74-venezuelans-lost-average-87kg-weight-how)

47 "Venezuela's Humanitarian Emergency", <Human Rights Watch>. (https://www.hrw.org/report/2019/04/04/venezuelas-humanitarian-emergency/large-scale-un-response-needed-address-health)

48 카를 슈미트, 『땅과 바다: 칼 슈미트의 세계사적 고찰』, 김남시 옮김, 꾸리에 (2016), 47쪽.

49 "Daily Chart: The World's Most Dangerous Cities", *The Economist*, 2017. 3. 31. (http://www.economist.com/blogs/graphicdetail/2017/03/daily-chart-23?fsrc=scn/tw/te/bl/ed/)

50 Acemoglu D, Johnson S, Robinson JA, "The Colonial Origins of Comparative Development: An Empirical Investigation", *The American Economic Review* 91 (2001), pp. 1369~1401.

5: 세계화의 먹이그물

1 "Poll: Does Trump's Support have a Ceiling—or a Floor?", <CBS News>, 2017. 2. 12. (http://www.cbsnews.com/news/nation-

tracker–poll–does–trump–support–have–a–ceiling–or–a–floor/)

2 "Donald Trump is More Popular than Ever with White Evangelicals", *The Economist*, 2018. 4. 20. (http://www.economist.com/ democracy–in–america/2018/04/20/donald–trump–is–more–popular–than–ever–with–white–evangelicals?fsrc=scn/tw/te/bl/ ed/donaldtrumpismorepopularthaneverwithwhiteevan)

3 자크 앙리 라르티그의 사진전을 소개한 『가디언』, 2016. 5. 27. ("Snap Judgment: How Photographer Jacques Henri Lartigue Captured the Moment")에 나오는 "The camera is a stop–time device"라는 표현을 참고함. (https://www.theguardian.com/artanddesign/2016/may/27 /snap–judgment–how–photographer–jacques–henri–lartigue–captured–the–moment)

4 자크 앙리 라르티그 관련 일화는 Geoff Dyer의 책을 참조함. Geoff Dyer, *The Ongoing Moment*, Vintage Books (2007), p. 26.

5 뉴욕 메트로폴리탄 오페라 일화는 Sven Beckert의 책을 참조함. Sven Beckert, *The Monied Metropolis: New York City and the Consolidation of the American Bourgeoisie 1850~1896*, Cambridge University Press (2001), p. 247.

6 "Tech's Frightful Five: They've Got Us", *New York Times*, 2017. 5. 10. (https://www.nytimes.com/2017/05/10/technology/techs–frightful–five–theyve–got–us.html)

7 "Jeff Bezos: The 'Obsessive' Amazon Founder and World's Next Richest Man", *The Guardian*, 2017. 6. 2. (https://www.theguardian.com/technology/2017/jun/02/jeff-bezos-amazon-founder-worlds-richest-man-bill-gates)

8 *New York Times*, 2015. 8. 15. 기사의 댓글: https://mobile.nytimes.com/2015/08/16/technology/inside-amazon-wrestling-big-ideas-in-a-bruising-workplace.html

9 "Elon Musk's Plan: Get Humans to Mars, and Beyond", *New York Times*, 2016. 9. 28. (https://www.nytimes.com/2016/09/28/science/elon-musk-spacex-mars-exploration.html)

10 『이코노미 인사이트』 2018년 11월호, 55쪽.

11 티머시 H. 파슨스, 『제국의 지배: 제국은 왜 항상 몰락하는가』, 장문석 옮김, 까치 (2012), 146쪽.

12 Vitali, S., Glattfelder, J. B., Battiston, S., "The Network of Global Corporate Control", *PLoS ONE* 6(10) (2011), e25995. doi:10.1371/journal.pone.0025995

13 페르낭 브로델, 『물질문명과 자본주의 읽기』, 김홍식 옮김, 갈라파고스 (2012).

14 같은 책, 89쪽.

15 스피노자, 『에티카』, 강영계 옮김, 서광사 (1990), 367쪽.

16 Conradt L, Roper T. J., "Democracy in Animals: The Evolution of

Shared Group Decisions", *Philosophical Transactions of the Royal Society B 274* (2007), pp. 2317~2326.

[17] Geoffrey West, *Scale: The Universal Laws of Growth, Innovation, Sustainability, and the Pace of Life in Organisms, Cities, Economies, and Companies*, Penguin Press (2017), p. 103. 제프리 웨스트, 『스케일: 생물, 도시, 기업의 성장과 죽음에 관한 보편 법칙』, 이한음 옮김, 김영사 (2018).

[18] Bettencourt, L. M. A., Lobo, J., Helbing, D., Kühnert, C., West, J., "Growth, Innovation, Scaling, and the Pace of Life in Cities", *Proceedings of the National Academy of Sciences of the United States of America* 104 (2007), pp. 7301~7306.

[19] Lotka, A. J., "Contribution to the Energetics of Evolution", *Proceedings of the National Academy of Sciences of the United States of America* 8 (1922), pp. 147~151.

[20] Vallino, J. J., Algar, C. K., "The Thermodynamics of Marine Biogeochemical Cycles: Lotka Revisited", *Annual Reviews of Marine Sciences* 8 (2016), pp. 333~356.

[21] 에르빈 슈뢰딩거, 『생명이란 무엇인가: 정신과 물질』, 전대호 옮김, 궁리 (2007), 20쪽.

[22] 같은 책, 120쪽.

[23] Lane N., *The Vital Question: Energy, Evolution, and the Origin of*

Complex Life, W. W. Norton & Company (2015), p. 59. 닉 레인,
『바이털 퀘스천: 생명은 어떻게 탄생했는가』, 김정은 옮김, 까치 (2016).

[24] Vallino and Algar의 같은 논문(주 20), p. 341.

[25] "Yanis Varoufakis: How I Became an Erratic Marxist", *The Guardian*,
2015. 2. 18. (https://www.theguardian.com/news/2015/feb/18/
yanis-varoufakis-how-i-became-an-erratic-marxist)

6: 절대민주주의를 위한 생태학적 상상력

[1] 반얀나무의 세부 정보에 대해서는 *The Times of India*, 2017. 9. 25.
기사를 참조함. (https://timesofindia.indiatimes.com/city/kolkata/
255-yr-old-great-banyan-hasnt-stopped-growing/article-
showprint/60821472.cms)

[2] 간디의 열한 가지 맹세(Mahatma Gandhi's Eleven Vows), National
Gandhi Museum, New Delhi: "......It is also theft if one receives
anything which one does not really need. The fine truth at the
bottom of this principle is that Nature provides just enough and no
more, for our daily need."

[3] 자연은 그 자체의 필연성에 따라 존재하고 작용한다는 스피노자의 언급
(『에티카』, 243쪽)에 대해 백종현은 자연의 완전성을 "자연에는 넘치는 것
도 모자라는 것도 있을 수 없다. 그러니 남의 것을 빼앗고 내 것을 빼앗기고
할 일도 없는 것이다"라고 풀어서 설명했다. 백종현, 『이성의 역사』, 아카넷

(2017), 301쪽.

4 1972년에 크로비스가 자신의 책 『콜럼버스가 바꾼 세계』(*The Columbian Exchange*)에서 처음 소개한 개념으로, 그는 콜럼버스의 아메리카 대륙 상륙이 문물과 제도의 변화뿐만 아니라 유럽과 신대륙의 환경 변화를 초래함을 주장했다.

5 브리태니커 편찬위원회, 『브리태니커 필수 교양사전: 근대의 탄생』, 이정인 옮김, 아고라 (2017), 32쪽.

6 클라이브 폰팅, 『진보와 야만: 20세기의 역사』, 김현구 옮김, 돌베개 (2007), 19쪽.

7 계몽주의와 자유주의에 대한 시대적 의의에 대해서는 로버츠와 베스타의 책을 참조함. J. M. 로버츠, O. A. 베스타, 『세계사 II』, 노경덕 외 옮김, 까치 (2015), 903쪽.

8 "Liberalism Is the Most Successful Idea of the Past 400 Years", *The Economist*, 2018. 1. 25. (https://www.economist.com/news/books-and-arts/21735578-its-best-years-are-behind-it-according-new-book-liberalism-most)

9 프랜시스 후쿠야마, 『역사의 종말』, 이상훈 옮김, 한마음사 (1992), 8쪽.

10 멍크 디베이트("Be it resolved, humankind's best days lie ahead......") 내용은 관련 홈페이지(https://www.munkdebates.com/The-Debates/Progress)와 토론 내용을 담은 책자를 참조함. 알랭 드 보통, 말콤 글래드 웰, 스티븐 핑커, 매트 리들리, 『사피엔스의 미래』, 전병근 옮김, 모던아카이브

(2016).

11 Matt Ridley, *The Rational Optimist: How Prosperity Evolves*, Harper Perennial, 2010. 매트 리들리, 『이성적 낙관주의자: 번영은 어떻게 진화하는가?』, 조현욱 옮김, 김영사 (2010).

12 프리드리히 A. 하이에크, 『법, 입법 그리고 자유』, 민경국.서병훈.박종운 옮김, 자유기업원 (2018), 405쪽.

13 질리 논문과 관련된 내용은 "The Great British Empire Debate", *New York Review of Books*, 2018. 1. 26을 참조함. (http://www.nybooks.com/daily/2018/01/26/the-great-british-empire-debate/)

14 아체베의 원문은 다음과 같다. "The British governed their colony of Nigeria with considerable care. There was a very highly competent cadre of government officials imbued with a high level of knowledge of how to run a country [......] British colonies were, more or less, expertly run."

15 V. S. Naipual의 *A Bend in the River*에 나오는 말("Europeans wanted gold and slaves, like everybody else, but also wanted statues put up to themselves as people who had done good things for the slaves"). Pankaj Mishra의 *London Review of Books* 서평에서 재인용함. (https://www.lrb.co.uk/v33/n21/pankaj-mishra/watch-this-man)

16 "Don't Feel Guilty about Our Colonial History", *The Times*, 2017. 11. 30. (https://www.thetimes.co.uk/article/don-t-feel-guilty-about-

our-colonial-history-ghvstdhmj)

17 존 로크, 『존 로크 시민정부』, 남경태 옮김, 효형출판 (2012), 84쪽.

18 홉스와 로크의 사회계약론의 근거에 대한 비교와 그 역사적 정당성에 대한 흄의 비판은 코플스톤의 책을 참조함. F. 코플스톤, 『합리론』, 김성호 옮김, 서광사 (1998), 72~76쪽.

19 Hardt and Negri, *Commonwealth*, p. 51. 안토니오 네그리, 마이클 하트, 『공통체』, 정남영.윤영광 옮김, 사월의책 (2014).

20 코플스톤의 같은 책(주 18), 75쪽.

21 로크와 섀프츠베리 백작과의 관계에 대해서는 문지영의 책을 참조함. 문지영, 『국가를 계약하라 홉스 & 로크』, 김영사 (2007), 90~94쪽.

22 근대 정치철학에서 공화주의가 사적 소유권의 보호를 중심으로 전개되는 것과 관련해서는 하트와 네그리의 같은 책(주 19) 1장 Republic of Property 참고함.

23 영국 토지 소유 현황을 분석한 책 『누가 잉글랜드를 소유하나』에 대한 *The Guardian*의 기사(2019. 4. 17). (https://www.theguardian. com/money/2019/apr/17/who-owns-england-thousand-secret-landowners-author)

24 Patrick Deneen, *Why Liberalism Failed*, Yale University Press (2018), p. 48.

25 스피노자, 『신학정치론 정치학 논고』, 최형익 옮김, 비르투 (2011), 401쪽.

26 Vallino, J. J., "Ecosystem Biogeochemistry Considered as a

Distributed Metabolic Network Ordered by Maximum Entropy Production", *Philosophical Transactions of the Royal Society* B 365 (2010), pp. 1417~1427.

[27] Cordero, O. X., Datta, M. S., "Microbial Interactions and Community Assembly at Microscales", *Current Opinion in Microbiology* 31 (2016), pp. 227~234.

[28] Morris, B. E. L., Henneberger, R., Huber, H., Moissl-Eichinger, C., "Microbial Syntrophy: Interaction for the Common Good", *FEMS Microbiol. Rev.* 37 (2013), pp. 384~406.

[29] Tecon, R., Or, D., "Cooperation in Carbon Source Degradation Shapes Spatial Selforganization of Microbial Consortia on Hydrated Surfaces", *Scientific Reports* 7 (2017), p. 43726; Borer, G., Tecon, R., Or, D., "Spatial Organization of Bacterial Populations in Response to Oxygen and Carbon Counter-Gradients in Pore Networks", *Nature Communications* 9 (2018), p. 769.

[30] Ratzke C., Gore J., "Self-Organized Patchiness Facilitates Survival in a Cooperatively Growing *Bacillus Subtilis* Population", *Nature Microbiology.* 1 (2016), p. 16022.

[31] Hutchinson, G. E., "The Paradox of the Plankton", *American Naturalist* 95 (1961), pp. 137~145.

[32] Ptacnik, R., Moorthi, S. D., Hillebrand, H., "Hutchinson Reversed,

or Why There Need to Be so Many Species", Woodward G (Ed.), "Integrative Ecology: From Molecules to Ecosystems", *Advances in Ecological Research* 43, Academic Press (2010), pp. 1~43.

[33] Paerl, H. W., Otten, T. G., "Harmful Cyanobacterial Blooms: Causes, Consequences, and Controls", *Microbial Ecology* 65 (2013), pp. 995~1010.

[34] Ptacnik, R., Solimini, A. G., Andersen, T., Tamminen, T., Brettum, P., Lepistö, L., Willén, E., Rekolainen, S., "Diversity Predicts Stability and Resource Use Efficiency in Natural Phytoplankton Communities", *Proceedings of the National Academy of Sciences of the United States of America* 105 (2008), pp. 5134~5138.

[35] Rosenzweig ML., "Paradox of Enrichment: Destabilization of Exploitation Ecosystems in Ecological Time", *Science* 171 (1971), pp. 385~387.

[36] Tubay JM, Ito H., Uehara T., Kakishima S., Morita S., Togashi T., Tainaka K-I, Niraula MP, Casareto BE, Suzuki Y, Yoshimura J., "The Paradox of Enrichment in Phytoplankto by Induced Competitive Interactions", *Scientific Reports* 3 (2013), p. 2835.

[37] 김태균·최재호·이경주·김영배·유성종, 「한강유역 조류경보제에 남조류 우점 예측인자 도입에 관한 연구」, 『대한환경공학회지』 36 (2014), 378~385쪽.

[38] 플랑크톤 군집의 종다양성이 감소할 경우 자원 이용 효율도 감소함은 Ptacnik et al. (주 32) 참조.

[39] Hillebrand, H., Bennett, D. M., Cadotte, M. W., "Consequences of Dominance: a Review of Evenness Effects on Local and Regional Ecosystem Processes", *Ecology* 89(6) (2008), pp. 1510~1520.

[40] 자원의 가용도 변화에 따른 경쟁 종의 공존 양상을 탐색한 실험실 연구 (Sakavara, A., Tsirtsis, G., Roelke, D. L., Mancy, R., Spatharis, S., "Lumpy Species Coexistence Arises Robustly in Fluctuating Resource Environments", *Proceedings of the National Academy of Sciences of the United States of America* 115 [2017], pp. 738~743)와 하구역 식물성플랑크톤 대상의 현장 연구(Segura, A. M. et al., "Competition Drives Clumpy Species Coexistence in Estuarine Phytoplankton", *Scientific Reports* 3 [2013], p. 1037).

[41] 이정전, 『시장은 정의로운가』, 김영사 (2012), 260~262쪽.

[42] 서울대학교 행정대학원 박상인 교수의 인터뷰 기사(나눔문화 소식지 『나누는 사람들』, 2018년 9~10월호). (https://www.nanum.com/ebook/nanusa/NanumPeople_2018_09_10.pdf)

[43] 2005년 수치는 이정전의 같은 책(주 41) 221쪽을 참고하였으며, 2017년 통계 자료는 2018년 9월 5일 MBC 뉴스 보도를 인용함. (http://imnews.imbc.com/news/2018/econo/article/4805443_22671.html)

[44] Walter Scheidel, *The Great Leveler*, Princeton University Press

(2017), pp. 405~411. 발터 샤이델, 『불평등의 역사』, 조미형 옮김, 에코리
브르 (2017).

45 옥스팜의 2019년 1월 보고서 『공익 재산인가? 사적 재산인가?』(*Public Good or Private Wealth?*) (https://www.oxfam.org/en/research/public-good-or-private-wealth)

46 "World's 26 Richest People Own as Much as Poorest 50%, Says Oxfam", *The Guardian* 2019. 1. 21. (https://www.theguardian.com/business/2019/jan/21/world-26-richest-people-own-as-much-as-poorest-50-per-cent-oxfam-report)

47 전강수, 「부동산공화국, 이러고서 미래가 있을까」, 『녹색평론』 165 (2019), 27쪽.

48 Janelle Pötzsch (Ed.), *Jonathan Swift and Philosophy*, Lexington Books (2017), p. 58. ("I have got Materials Toward a Treatise [sic!] proving the falsity of that Definition [of man as] *animal rationale*; and to show it should be only *rationis capax*.")

49 라이프니츠의 『단자론』(*Monadologie*)에 나오는 말로 백종현의 같은 책 (주 3)에서 재인용함.

50 장 자크 루소, 『사회계약론』, 김영욱 옮김, 후마니타스 (2018), 23쪽.

51 Mark Buchanan, *The Social Atom*, Bloomsbury (2007), p. 13.

52 김광수, 『애덤 스미스: 정의가 번영을 이끈다』, 한길사 (2015), 72~97쪽.

53 애덤 스미스, 『도덕감정론』, 김광수 옮김, 한길사 (2016), 418쪽.

[54] 이정전, 『경제학을 리콜하라』, 김영사 (2011), 83쪽.

[55] 좁은 의미의 합리성에 대한 정의는 존 롤스의 책 48쪽을 참조함. 존 롤스, 『정의론』, 황경식 옮김, 이학사 (2003).

[56] 이성에 대한 흄과 스피노자의 관점은 Anthony Kenny의 *The Rise of Modern Philosophy* 261쪽을 참조함.

[57] 스피노자, 『에티카』, 강영계 옮김, 서광사 (1990), 128쪽.

[58] Martin A. Nowak, Roger Highfield, *SuperCooperators: Altruism, Evolution, and Why We Need Each Other to Succeed*, Free Press, 2011. 로저 하이필드, 마틴 노왁, 『초협력자』, 허준석 옮김, 사이언스북스 (2012).

[59] Nowak M. A., "Five Rules for the Evolution of Cooperation", *Science* 314 (2006), pp. 1560~1563.

[60] Ohtsuki H. C., "A Simple Rule for the Evolution of Cooperation on Graphs and Social Networks", *Nature* 441 (2006), pp. 501~505.

[61] Fotouhi B., Momeni N., Allen B., Nowak M. A., "Conjoining Uncooperative Societies Facilitates Evolution of Cooperation", *Nature Human Behavior* 2 (2018), pp. 492~499.

[62] 미즈노 가즈오, 「자본주의와 민주주의 싸움」, 『녹색평론』 2016년 7~8월호, 14~29쪽.

[63] 사카키바라 에이스케, 미즈노 가즈오, 『자본주의의 종말, 그 너머의 세계』, 김정연 옮김, 테이크원 (2017), 213쪽.

[64] 스피노자의 같은 책(주 25), 291쪽. (「신학정치론」, 16장 3절)

[65] 같은 책, 293쪽.

[66] 존 롤스의 같은 책(주 55), 153쪽. (17절 평등에로의 경향)

[67] BBC 다큐멘터리 <Planet Earth II> 6부 "Cities" 중에서 에티오피아 하라르 (Harar) 마을 이야기 (http://www.bbc.com/earth/story/20161207–the–man–who–lives–with–hyenas)

[68] "Scottish Independence: Don't Leave Us This Way", *The Economist*, 2014. 7. 10. (https://www.economist.com/leaders/2014/07/10/dont–leave–us–this–way)

[69] "Free Exchange: As Inequality Grows, so Does the Political Influence of the Rich", *The Economist*, 2018. 7. 21. (https://www.economist.com/finance–and–economics/2018/07/21/as–inequality–grows–so–does–the–political–influence–of–the–rich)

[70] 존 로크의 같은 책(주 17), 34쪽.

[71] 야니스 바루파키스, 「기본소득은 필수이다」, 『녹색평론』 149호 (2016), 30~39쪽.

[72] "Yanis Varoufakis: How I Became an Erratic Marxist", *The Guardian*, 2015. 2. 18. (https://www.theguardian.com/news/2015/feb/18/yanis–varoufakis–how–i–became–an–erratic–marxist)

[73] 스티븐 내들러, 『스피노자: 철학을 도발한 철학자』, 김호경 옮김, 텍스트 (2011), 641~642쪽.

74 스티븐 내들러, 『스피노자와 근대의 탄생: 지옥에서 꾸며진 책 <신학

　　정치론>』, 김호경 옮김, 글항아리 (2014), 333쪽에서 재인용함.

75 스피노자의 같은 책(주 57) 4장의 정리 34(272쪽)와 정리 35(274쪽).

76 EBS 다큐프라임 <민주주의> 제작팀/유규오, 『민주주의』, 후마니타스

　　(2016), 70쪽.

77 스피노자의 다중 민주주의의 대한 네그리의 해석은 조정환의 「활력의

　　존재론과 절대 민주주의 정치학」을 참고함. 서동욱.진태원 엮음, 『스피

　　노자의 귀환: 현대철학과 함께 돌아온 사유의 혁명가』, 민음사 (2017),

　　405쪽.

78 책에 따라 약간씩 다르게 번역되어 있는데, 예를 들어 최형익이 번역한

　　『정치학논고』에는 "완전한 절대통치체제"로 번역되었다. 스피노자의 같은

　　책(주 25), 515쪽.

79 스피노자의 다중에 대한 인식에 대해서는 하트와 네그리의 같은 책(주 19),

　　p. 43을 참조함.

80 JTBC <이규연의 스포트라이트>(122회), 2017년 11월 2일. (http://vod.

　　jtbc.joins.com/player/clip/vo10189413)

81 하트와 네그리의 같은 책(주 19), p. 53.

82 스피노자의 같은 책(주 25), 293~294쪽.

83 하트와 네그리의 같은 책(주 19), p. 193.

84 Michael Hardt, Antonio Negri, *Assembly*, Oxford University Press

　　(2017). p. 26. ("......how the many can decide—and rule themselves together without masters.")

85 아스가르디아 프로젝트 홈페이지(https://asgardia.space/en/page/ concept)와 다음을 참조함. "Will You Become a Citizen of Asgardia, the First Nation State in Space?", *The Guardian*, 2016. 10. 12. (https://www.theguardian.com/science/2016/oct/12/will-you-become-a-citizen-of-asgardia-the-first-nation-state-in-space)

86 보그다노프와 그의 소설 『붉은 별』 관련된 내용은 폴 메이슨의 책 368~372쪽을 참조함. 폴 메이슨, 『포스트 자본주의 새로운 시작』, 안진이 옮김, 더퀘스트 (2017).

87 존 롤스의 같은 책(주 55) 3절 「정의론의 요지」를 참조함.

88 "최약자 보호의 원칙"은 이정전의 같은 책(주 41) 31쪽을 참조함.

89 장 자크 루소의 같은 책(주 50), 24쪽.

에필로그

1 "Why is Finland so Happy?", *The Economist*, 2018. 3. 26. (https://www.economist.com/blogs/economist-explains/2018/03/economist-explains-20?fsrc=scn/tw/te/bl/ed/whyisfinlandsohappytheeconomistexplains)

2 데카르트, 『방법서설/성찰/철학의 원리/세계론/정념론/정신지도를 위한 규칙』, 소두영 옮김, 동서문화사 (2016), 28쪽.

3 "So rich a country. We had everything and they destroyed it. And the future."—Enrique Krauze. "Hell of a Fiesta", *New York Review of Books*, 2018. 3. 8. (http://www.nybooks.com/articles/2018/03/08/venezuela-hell-fiesta/)

4 사카키바라 에이스케, 미즈노 가즈오, 『자본주의의 종말, 그 너머의 세계』, 김정연 옮김, 테이크원 (2017), 110~111쪽.

5 츠치다 다카시, 「후천개벽과 생명의 법도」, 『녹색평론』 149호 (2016), 96~116쪽.

6 오자와 료스케, 『덴마크 사람은 왜 첫 월급으로 의자를 살까』, 박재영 옮김, 꼼지락 (2016).

스피노자의 거미

자연에서 배우는 민주주의

처음 펴낸날 2019년 8월 8일

· **지은이** · 박지형
· **펴낸이** · 주일우

· **편집** · 이승연
· **디자인** · 권소연
· **펴낸곳** · 이음
· **등록번호** · 제2005-000137호
· **등록일자** · 2005년 6월 27일
· **주소** · 서울시 마포구 월드컵북로 1길 52
· **전화** · 02-3141-6126
· **팩스** · 02-6455-4207
· **전자우편** · editor@eumbooks.com
· **홈페이지** · www.eumbooks.com

· **ISBN** · 978-89-93166-93-4 03900

** 이 도서의 국립중앙도서관 출판예정도서목록(CIP)은 서지정보유통지원 시스템 홈페이지(http://seojin.nl.go.kr)와 국가자료공동목록시스템(http://www.nl.go.kr/kolisnet)에서 이용하실 수 있습니다.
(CIP제어번호: CIP2019027898)